我国研究型大学国际化政策与现实

康 卉 陆根书 著

西北工业大学出版社

西安

【内容简介】 高等教育国际化是全球高等教育发展的大趋势。在当前一流大学建设背景下,深入考察我国研究型大学高等教育国际化的政策与现实情况,对于健全、完善研究型大学高等教育国际化政策,推动研究型大学高等教育国际化策略的有效实施,进而提高我国高等教育质量,助力世界一流大学建设目标的实现具有重大且深远的意义。本书从质性研究的取向和范式出发,在理论研究的基础上,构建了高等教育国际化的分析框架,运用文本分析、访谈等质性研究方法和描述性统计分析方法,通过个案研究,对我国高等教育国际化的政策、现实、动因、策略以及影响因素进行了分析与讨论,构建了研究型大学国际化的现实图景。

本书可供高等教育政策制定者、高校和教育部门的管理者以及高校国际化相关部门参考。

图书在版编目(CIP)数据

我国研究型大学国际化政策与现实/康卉,陆根书著.—西安:西北工业大学出版社,2019.10
ISBN 978-7-5612-6692-2

Ⅰ.①我… Ⅱ.①康… ②陆… Ⅲ.①高等教育-国际化-研究-中国 Ⅳ.①G649.2

中国版本图书馆 CIP 数据核字(2019)第 232239 号

WOGUO YANJIUXING DAXUE GUOJIHUA ZHENGCE YU XIANSHI

我 国 研 究 型 大 学 国 际 化 政 策 与 现 实

责任编辑:王莉莎		**策划编辑:**雷 鹏	
责任校对:李文乾		**装帧设计:**李 飞	

出版发行:西北工业大学出版社
通信地址:西安市友谊西路 127 号　　邮编:710072
电　　话:(029)88493844　88491757
网　　址:www.nwpup.com
印 刷 者:陕西向阳印务有限公司
开　　本:720 mm×1 020 mm　　1/16
印　　张:12
字　　数:203 千字
版　　次:2019 年 10 月第 1 版　　2019 年 10 月第 1 次印刷
定　　价:48.00 元

如有印装问题请与出版社联系调换

Preface 前言

高等教育国际化是20世纪80年代以来全球高等教育发展的大趋势。由于高等教育国际化对于建立战略联盟,促进经济、社会、文化、人力资源发展以及国家建设等具有举足轻重的作用,因此世界各国纷纷制定政策与制度鼓励开展与推动本国高等教育国际化的发展。在我国,高等教育国际化是对外高等教育交流的必然结果,也是实现建设世界一流大学目标的重要途径。此外,对高等教育国际化的研究有利于促进我国高等教育机构的国际化发展,提高大学的国际化水平,进而增强大学的国际竞争力。

研究型大学是我国高等教育的重要组成部分,深入考察我国研究型大学高等教育国际化的政策与现实情况,对于清晰认识高等教育国际化在我国研究型大学中的发展现状,进一步健全、完善研究型大学高等教育国际化政策,推动研究型大学高等教育国际化策略的有效实施,加强研究型大学关于高等教育国际化的评估与反馈有着重要的现实价值,进而对提高我国高等教育质量,助力世界一流大学建设目标的实现具有重大且深远的意义。

当前国内有关高等教育国际化的研究大多是对发达国家高等教育国际化的理论梳理和经验分析,缺乏对我国大学特别是研究型大学高等教育国际化的"实然"研究;对高等教育国际化的思辨研究较多,而实证研究相对较少;从宏观层面对高等教育国际化进行的整体研究较多,从大学层面对高等教育国际化的个案研究较少。本书首先在分析高等教育国际化相关理论的基础上,结合我国高等教育国际化的发展现实,提出研究型大学高等教育国际化的具体要素,构建大学层面高等教育国际化的分析框架,丰富高等教育国际化内涵、要素的研究;其次,以我国某"985工程"大学(以下称"X大学")为研究对象,运用文本分析、访谈等质性研究方法和描述性统计分析方法,对 X 大学的高等教育国际化政策、现实、动因、策略以及影响因素进行了分析与讨论;最后,通过对研究对象高等教育国际化的政策内容、现状、动因以及影响因素的分析,总结出研究型大学实施高等教育国际化的特点和存在的问题,并在此基础上,提出提升研究型大学高等教育国际化水平的对策建议。本研究对于丰富我国高等教育国际化的研究内容,促进我国研究型大学高等教育国际化发展具有重要的理论和现实意义。

本书是教育部人文社会科学研究一般项目"'一带一路'背景下我国高职教育国际化内涵、现实与路径研究"(18XJC880003)、陕西省社会科学基金项目"'悉尼协议'框架下陕西省高职院校毕业生核心能力研究"(2017P013)以及西安航空职业技术学院 2018 年院级科研重点项目"一流院校背景下高职院校国际化研究——以西安航空职业技术学院为例"(18XHGZ—02)的研究成果之一。

本书是由康卉和陆根书总体设计并共同撰写的。具体编写分工:第一章由陆根书撰写,其余章节由康卉撰写。调查使用的问卷、访谈提纲由陆根书和康卉设计。李丽洁参与了本书的问卷调查以及访谈过程。

在本书的写作过程中,得到了西安交通大学王宏波教授、李景平教授、卢黎歌教授、张思锋教授、燕连福教授、李建群教授、焦垣生教授、霍有光教授和刘儒教授等的指导和帮助。西安航空职业技术学院赵居礼教授对本书的写作、修改等提出了很多宝贵的意见。正是学者和专家真诚的帮助和宝贵的指导意见才能使我们的研究顺利开展,并取得一定的成果,在此表示衷心的感谢。同时,我们也参考、借鉴了众多学者的研究资料,书末未能一一列出,谨向所有参考资料的作者致以谢意。

由于受诸多因素限制,书中不免存在许多不足之处,敬请专家和同行的批评指正。本书的研究范围还有更多提升的空间,在未来的研究中,我们将继续以课题为依托,不断完善,以期更加深入地探讨我国高等教育国际化的现实与问题。

著 者

2019 年 8 月

目录

第一章 绪论 (1)
- 第一节 研究背景 (2)
- 第二节 研究的意义 (9)
- 第三节 国内外研究现状 (10)
- 第四节 研究的内容与组织结构 (19)

第二章 文献综述 (23)
- 第一节 高等教育国际化及其相关概念 (23)
- 第二节 高等教育国际化的动因与方法 (27)
- 第三节 高等教育国际化的要素及评价指标 (32)
- 第四节 高等教育国际化的理论模型 (40)
- 第五节 高等教育国际化的影响因素分析 (47)

第三章 国内外高等教育国际化政策比较 (54)
- 第一节 发达国家高等教育国际化政策 (54)
- 第二节 中国高等教育国际化政策 (65)
- 第三节 不同国家和地区高等教育国际化政策比较 (81)

第四章 我国研究型大学高等教育国际化个案分析 (85)
- 第一节 研究设计 (85)
- 第二节 研究结果 (102)
- 第三节 小结 (166)

第五章 结论、政策建议与展望 …………………………………（168）

第一节 研究结论与政策建议 …………………………………（168）

第二节 研究的创新点 ……………………………………………（181）

第三节 研究的局限与展望 ………………………………………（183）

参考文献 ………………………………………………………………（184）

第一章 绪 论

全球化是推动全球经济、政治、文化和教育发展的重要动力。随着全球化的发展,20世纪80年代以来,高等教育国际化已经成为全球高等教育发展的普遍趋势,经过短短几十年的时间,高等教育国际化的内容、形式以及发展规模都发生了巨大的变化,高等教育国际化作为国家战略的一部分也越来越受到重视。许多发达国家都认识到高等教育国际化对国家发展和应对国际挑战与竞争具有重要意义,纷纷制定相关政策,以推动本国高等教育的国际化发展。由于各国所处的阶段不同,所采取的高等教育国际化政策与具体策略也有所不同,因此高等教育国际化水平也存在较大差异。

大学是实施高等教育国际化的主体,大学的高等教育国际化是在应对外部挑战,遵循政策引导以及促进自身发展等内外因素的共同作用下不断向前推进的。研究型大学是推动高等教育国际化的主要力量,一些学者认为,21世纪的研究型大学正在形成一种全球模式,许多国家的研究型大学实施国际化的目的之一就是要提高自身在全球大学中的地位。我国研究型大学的国际化发展虽然时间较短,但却呈现出较快的发展速度,特别是2010年《国家中长期教育改革和发展规划纲要(2010—2020年)》发布以来,在扩大教育开放,加强国际交流合作,提高我国教育国际化水平的政策引导下,研究型大学的国际化水平不断提高,与国外知名大学的合作更为频繁和深入,国际化的教育理念也逐渐渗透到大学的各个层面。研究型大学的国际化对于我国高等教育发展具有重要的意义,因此深入了解我国研究型大学国际化的政策发展与现实情况,找出其中的不足与差距,对进一步提升我国研究型大学高等教育国际化水平是十分必要的。

第一节 研究背景

一、国际化是世界高等教育发展的重要趋势

20世纪80年代以来,全球化已经成为世界经济发展的主要趋势,现代信息网络技术的推动使全球化的进程大大加快,其波及范围也达到了前所未有的程度。全球化使得各国之间的合作和联系日益紧密,任何一个国家都不可能依靠闭关锁国实现经济的繁荣和国力的强盛。

Altbach认为,全球化意味着在经济或包括信息技术、文化、教育等其他领域的全球渗透与相互影响,任何国家和机构都无法回避全球化的现实。

Held等人认为,全球化是当代政治、经济、文化、军事各个领域全球范围的联系与相互影响的加强、拓展、加深和加剧。经济全球化是世界经济发展的必然产物,然而全球化的表现并不仅仅局限在经济方面,高等教育国际化就是全球化对高等教育领域影响的结果,是各国高等教育对全球化的积极应对。全球化促进了各国经济的迅速发展,为高等教育国际化提供了物质基础,使高等教育国际化成为可能。同样,全球化也要求高等院校培养各类贸易、服务、外交等国际化人才。在全球化的影响下,高等教育国际化迅速发展起来,并且成为20世纪80年代以来世界高等教育发展的重要趋势。

在全球化背景下,各国为了提高本国高等教育的竞争力,吸引更多优秀的人才,纷纷采取措施促进高等教育国际化的发展。日本早在20世纪50年代就提出要以国际化的观点进行教育改革,主张进一步扩大对外开放,在教育、文化等领域内开展国际交流与合作。美国教育家、加州大学总校校长Clark在20世纪80年代出版的《扩展高等教育的国际维度》一书中明确指出了高等教育需要国际化的迫切需求。欧盟地区的许多国家也通过召开学术会议,签订教育协议等方式加强欧盟内部以及同其他地区高校之间的国际联系。自1999年《博洛尼亚宣言》发布以来,欧盟通过与世界各地建立伙伴关系,特别是通过"博洛尼亚政策论坛"来提升高校的国际化水平,积极参与可持续发展的全球合作能力,以增强欧洲高等教育的吸引力,扩大高等教育的开放性。

高等教育国际化的一个主要表现形式是学生在世界范围的流动。经济合

作与发展组织(OECD)和联合国教科文组织(UNESCO)的统计数据显示(见图1-1),国际学生流动的数量呈不断增长的趋势:1975年约为80万人,1985年达到110万人,1995年为170万人,2005年增加到300万人,2010年约为420万人,到2012年全球的留学生已经超过450万人,人数逐年增多。

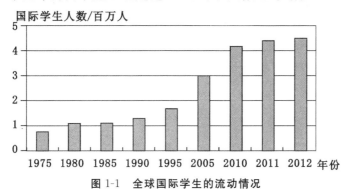

图1-1 全球国际学生的流动情况

尽管学生流动数量在全球范围内迅速增加,但这种流动具有一定的方向性:全球学生的流动主要由发展中国家流向发达国家。经济合作与发展组织的数据显示,2001年全世界53%的留学生流向经济合作与发展组织国家,而这些留学生中60%来自亚洲;经济合作与发展组织的国家接收的留学生中,75%都集中在6个发达国家,其中美国的留学生接收人数占经济合作与发展组织国家总接收人数的30%,英国占14%,德国占13%,法国占9%,澳大利亚占7%,日本占4%。在所有发达国家中,美国的留学生人数最多,并且以较快的速度增长:1993—1994学年,共有近5万名外国留学生就读于美国高校,比上一年增加了2.5%,占全球在非本国本地区高校就读学生的34%。1998—1999学年,共有490 933人赴美留学,1999—2000学年,留美学生人数增加到了514 723人,2000—2001学年,美国的留学生人数更是达到了547 867人。2008—2009学年,在美国高等院校就读的外国学生人数较前一学年增加了8%,达到671 616人,2012—2013学年,美国的留学生人数达到819 644人,2013—2014学年,这一数据达到886 052人,较2001年增加了61.7%。

除了学生的国际流动外,各国还通过政策支持、资金资助等形式鼓励教师出国进行学术交流与研究,这些措施大大促进了教师的国际化水平和国际化构成。美国2001年有40%的高校支持教师出国参加国际学术会议,到2006年,这一数字增加到56%;2002年,有46%的高校支持教师出国进行科学研究,而到2006年,这一比例增加到58%。英国在2002—2003年间通过了高技术移民项目(high skilled migrant program),在该项目推动下,2007年英国大学中来自海外的教师比例达到了20%。

除加强人员交流外,许多国家还通过发展国际化的课程,加强区域研究和外语教学,开展国际学术交流与合作研究,增加对国际研究项目的资助,以及设立海外分支等多种方式促进本国高等教育国际化发展。由于高等教育国际化是提高高等教育质量和国家竞争力的重要手段,无论从政府层面,还是从大学层面,都十分重视高等教育国际化的发展,许多国家和大学都制定了高等教育国际化的发展战略,高等教育国际化已经成为全球高等教育发展的重要趋势。

二、高等教育国际化是我国对外开放与交流的必然结果

我国的高等教育国际化活动自1949年以来就一直存在,但早期仅表现为有限的人员交流,直到20世纪80年代之后,随着改革开放和社会经济的发展,对外交流活动的频繁以及我国高等教育水平的提高,我国高等教育国际化的活动开始逐渐增多。改革开放以前,我国的高等教育对外交流活动主要以派出留学生赴发达国家学习,引进国外的专家或技术人员来华任教为主要方式,以促进我国经济社会和高等教育的发展。在不同时期,学生出国留学的目的地也不相同。在20世纪50至60年代,由于与苏联的密切联系,留学生主要被派往苏联学习;70年代以后,随着我国与更多的发达国家交往日益频繁,留学生学习的主要目的地逐渐转向英国、法国和日本等国。总体来说,这一时期我国高等教育国际化的形式较为单一,以派出留学生为主,并且数量十分有限。改革开放以来,特别是我国加入世界贸易组织之后,社会经济的发展要求大学培养更多具有国际化技能、适应国际挑战和需要的人才,国内各大学纷纷采取措施,调整专业、课程设置,提高人才培养、教师力量的国际化水平,从而促进了我国高等教育的国际化发展。此外,高等教育对外开放与交流的一个结果就是使我国的高等教育机构直接参与到全球竞争中,在这种竞争压力下,大学通过派出教师、学生,聘请专家、学者,加强交流与合作等途径来引进发达国家先进的高等教育理念和技术来加强自身的能力建设,提高国际竞争力,从一定程度上也促进了我国高等教育国际化的发展。

改革开放以来,我国高等教育国际化发展的一个具体表现是出国留学的学生与来华留学的学生人数显著增加。其中,派出留学人员的方式主要包括国家公派选拔,友好团体、人士的资助选派以及自费留学三个途径。1978—1997年的20年间,中国共派出30万人出国留学,分布在103个国家和地区,涉及的专业几乎覆盖了理、工、农、医、管理等所有学科;截至1998年,约有9.6万人学成回国,将国外先进的技术和优秀的文化成果带回国内,促进了我国经济社会的发展。

随着我国高等教育的发展,作为高等教育国际化的一个重要组成部分,我国的留学生教育也有了进一步发展。教育部外事司的统计数据显示,1990—1994年,我国共接收了来自148个国家的66 557名外国留学人员,这些留学人员中来自亚洲的44 470人,约占66.8%;来自欧洲的10 574人,约占15.9%;来自美国和加拿大的共7 635人,约占11.5%;来自大洋洲的共1 799人,约占2.7%;来自非洲的共1 600人,给占2.4%,来自拉美国家的478人,给占0.7%。留学人员的主体是自费学生,共58 707人,占88.2%;获得政府奖学金的留学人员共7 850人,占11.85%。从留学时间看,长期留学人员共35 809人,约占54%,短期留学人员共30 748人,约占46%;留学人员分布在全国27个省、市、自治区的200多所高校内,平均每年人数的增长为49%。至2006年底,我国已经累计接收各种来华留学人员1 047 010名,其中有来自184个国家和地区的162 695名留学人员在我国519所高校和其他教学、科研机构学习。

相比于来华留学人员,我国出国留学的人数也基本呈持续增长的状态。2006年,我国出国留学人员约为13.4万人,2007年增加到14.45万人,2008年达到17.98万人,2009年为22.93万人,2010年为28.47万人,2010年为33.97万人,2012年已经达到38.96万人,人数增加较多。

除了学生国际交流数量的增加和留学生教育的发展外,改革开放以来,我国高等教育国际化的发展还体现在教学、科研的国际合作方面,越来越多的国外的教师、专家、学者来华任教、讲座以及进行合作研究,不断推动我国高等教育国际化的发展。在国家政策的推动和鼓励下,一些新的教育合作形式相继发展起来。其中中外合作办学逐渐成为我国高等教育国际化的一种重要形式,通过引入国外教育资源,在本土提供高等教育,促进我国高等教育国际化的发展。经过30余年的发展,中外合作办学的政策已经逐渐完善,中外合作办学的形式和模式逐渐丰富,并得到了有效规范。尽管在探索和前进的过程中,中外合作办学也出现了许多问题,但是这种新的办学形式在我国高等教育国际化发展过程中发挥了越来越重要的作用。这些新的对外交流合作的形式极大地丰富了我国高等教育国际化的内涵,促进了我国高等教育国际化的纵深发展。

三、高等教育国际化是服务国家战略的重要方式

高等教育对于国家的社会、经济、文化以及战略发展具有重要的意义和举足轻重的作用。自从20世纪30年代,美国威斯康星大学将服务社会作为大学的一个新的职能以来,高等教育与经济社会发展以及国家战略的关系越来越紧密。不同历史时期、不同国家对高等教育的要求也并不相同。我国长期以来一直都十分重视教育在经济社会发展中的重要地位。1983年,邓小平在考察北京景山学校时首次提出教育要面向现代化、面向世界、面向未来的方针。1985年,中共中央通过的《关于教育体制改革的决定》中,再次强调了"三个面向"的重要思想,该思想是依据中国社会主义现代化建设新时期的总路线、总任务,对教育提出的战略方针,明确了改革开放初期,我国教育发展的定位和思路。其中,"面向世界"的方针内容就要求高等教育实行对外开放和交流政策,通过开展国际化活动学习国外的先进技术,引进国外优秀人才,促进社会主义现代化建设。1993年,中共中央、国务院印发的《中国教育改革和发展纲要》中也提出,"将教育摆在优先发展的战略地位……是实现我国现代化的根本大计……必须坚持教育的改革开放,努力改革教育体制、教育结构、教学内容和方法,大胆吸收和借鉴人类社会的一切文明成果"。这一时期对高等教育的要求中也包含了国际化的思想,即通过教育的对外开放与交流,学习人类社会的文明成果,从而促进现代化目标的实现。随着经济社会的不断发展,高等教育水平的不断提高,高等教育的内容也在不断调整。

进入21世纪以来,我国的综合国力明显增强,国际地位不断提高,经济、社会、教育及文化等方面发展迅速,取得了一定的成就。然而国际环境复杂多变、世界经济发展不平衡使得人才、技术的竞争愈加激烈。在这样的历史背景和国际环境下,全面提高我国的综合国力、国际竞争能力和抗风险能力是国家的重要任务之一。科技进步和创新是经济社会发展的重要推动力,这一时期国家战略的主要目标是通过深化体制改革,加大投入,加快科技教育发展,努力建设创

新型国家和人力资本强国。而高等教育则承担起培养适应国际竞争力的人才，建设一流大学和学科，促进科研创新和发展，服务国家建设的重任。2010年出台的《国家中长期教育改革和发展规划纲要（2010—2020年）》对高等教育提出了新的规定，要求全面提升高等教育质量，提高人才培养质量，提升科研水平，增强社会服务能力，优化结构，办出特色，加快一流大学和一流学科建设。2011年发布的《国民经济和社会发展第十二个五年规划纲要》也提出"创新驱动，实施科教兴国战略和人才强国战略"。这一时期，高等教育国际化的主要目的是服务于世界一流大学和一流学科建设，通过实施高等教育国际化，加强队伍建设，提高人才培养质量，提升科研水平，加强学科竞争力。2016年1月15日举行的全国教育工作会议，总结了"十二五"以来，我国高等教育改革发展取得的成果，并强调了"十三五"期间提高教育质量，加快教育结构调整，推进世界一流大学和一流学科建设的主要任务。2016年4月15日，李克强总理考察清华大学和北京大学，并在北京大学召开高等教育改革创新座谈会上提出"教育改革是建设中国特色社会主义的战略选择，而大学不仅仅是推动国家发展的动力，也是推进社会进步的力量，高水平教育是国家综合竞争力的重要体现，大学要重视一流学科建设"等重要内容。可以看出，在信息技术发展迅速的今天，各国在人才、科技以及综合国力方面的竞争日益激烈。高等教育在国家战略和中国特色社会主义发展中具有重要地位和作用，担负着培养具有国际视野、全球化能力和国际竞争力的高质量人才的任务，同时高等教育也是国家科技创新、发展的重要动力和来源。当前我国的教育水平整体上有了很大提高，与发达国家的距离进一步缩小，高等教育质量得到进一步提高，高水平大学的数量逐渐增加，但较世界一流大学相比仍具有较大的差距，因此只有通过不断扩大教育对外开放，加强世界一流大学建设和一流学科建设，实施高等教育国际化，学习发达国家的先进教育理念和教育成果，才能不断提升人才培养质量，促进教师队伍建设，提高我国高等教育水平，推动科技进步和社会发展。

四、高等教育国际化是实现我国建设世界一流大学的重要途径

高等教育是一个国家经济社会发展的重要保障。近十多年来，随着全球高等教育的发展，建设世界一流大学已经成为世界各国高等教育发展的长远战略

我国研究型大学国际化政策与现实

目标。一些学者认为,世界一流大学已经超越了文化和教育的载体功能,在一定程度上显示了国家的竞争力。

高等教育国际化是实现世界一流大学建设的重要途径。高等教育国际化是世界一流大学的基本特征,世界一流大学的形成与发展都与其国际化发展密不可分。国际化是建设世界一流水平的师资队伍,产出世界一流的科研成果,培养杰出人才,完善现代大学治理体系的重要途径。

近几十年来我国高等教育有了快速发展,高等教育大众化不断推进,但是高等教育仍然面临许多问题:高等教育质量相对低下,高校在教学、科研等许多方面与世界一流大学还有相当大的差距。1993年国务院发布的《中国教育改革和发展纲要》中提出"为了迎接世界新技术革命的挑战,要集中中央和地方等各方面的力量办好100所左右重点大学和一批重点学科、专业,力争在下世纪初,有一批高等学校和学科、专业,在教育质量、科学研究和管理方面,达到世界较高水平"(即"211工程")。1998年5月,江泽民同志在北京大学建校100周年庆祝大会上指出"我国要有若干所具有世界先进水平的一流大学"。同年,教育部制定了《面向21世纪教育振兴行动计划》明确提出"要创建若干所具有世界先进水平的一流大学和一批一流学科"(即"985工程")。世界一流大学建设目标提出以来,国家通过各种措施促进我国的对外交流,提高高等教育国际化水平,从而促进该目标的实现。2010年6月颁布的《国家中长期教育改革和发展规划纲要(2010—2020年)》提出要进一步扩大对外交流,加强我国高等教育国际化水平,培养大批具有国际视野和国际竞争力的国际化人才,鼓励多种形式的国际交流合作,通过中外合作办学机构和项目实现优质教育资源的引进,通过与国外知名大学的合作提高我国对外教育交流与合作水平。

创建世界一流大学必然要求我国的研究型大学积极推进高等教育国际化发展。建设世界一流大学就是要运用国际化的标准,开展国际交流与合作,学习世界一流大学的先进理念,引进高水平的人才,提高人才培养的质量,从而实现一流大学的目标。这一过程既体现了高等教育国际化的内容,又反映了我国世界一流大学的建设必须要通过高等教育国际化这一途径来实现,对高等教育国际化提出了内在要求。

第二节 研究的意义

一、理论意义

(1)通过对已有理论文献和政策文献的分析,总结我国研究型大学高等教育国际化的具体要素,并在此基础上提出机构层面高等教育国际化的概念分析框架,深化我国高等教育国际化内涵的理论研究,为我国院校层面的高等教育国际化研究提供理论框架。

当前国内有关高等教育国际化的理论研究相对较少,特别是从大学层面出发对高等教育国际化的研究相对较少。本研究在对国内外理论文献综述的基础上,结合我国的高等教育国际化现实情况,总结我国高等教育国际化的六个要素,提出大学层面的高等教育国际化分析框架,可以为分析我国研究型大学高等教育国际化提供理论工具。

(2)从国家和院校两个层面系统梳理高等教育国际化的政策文本,以丰富高等教育国际化政策的研究内容。尽管有关高等教育国际化的政策研究很多,但国内的研究很少对不同层面的政策内容进行系统的整理和分析。本研究将运用历史研究和文本分析方法,从国家和院校两个层面分析高等教育国际化政策。首先,从国家层面分析西方发达国家与中国的高等教育国际化政策历史沿革与特点,并比较不同国家和地区的高等教育国际化政策;其次,从大学个案出发,分析研究型大学的高等教育国际化政策,丰富高等教育国际化的政策研究内容。

(3)通过对大学个案的高等教育国际化实证研究,建构我国研究型大学高等教育国际化的现实图景,丰富院校层面探索高等教育国际化动因、策略和影响因素的理论研究,为从大学层面研究高等教育国际化提供可借鉴的理论模式。

当前国内外有关高等教育国际化的研究虽然很多,但从大学层面出发,对高等教育国际化进行的实证研究较少,对高等教育国际化的动因及影响因素的研究不足,尤其是从我国高等教育国际化现实出发开展的研究尚显不足。本研究在概述国内外有关高等教育国际化理论研究的基础上,提出高等教育国际化要素,并用于分析我国 X 大学高等教育国际化现状,以及教师和学生对大学高等教育国际化的感知,探索我国研究型大学高等教育国际化的动因、策略和影响因素,丰富院校层面高等教育国际化的理论研究。

二、现实意义

(1)从大学个案出发,研究高等教育国际化的内涵、要素和策略,有助于研究型大学对自身的国际化现实进行分析、评估和考核,并与其他院校高等教育国际化的现实进行比较,进而完善自身的高等教育国际化发展规划和政策,提高学校高等教育国际化的发展水平。

(2)有助于研究型大学更好地把握高等教育国际化的影响因素,促进高等教育国际化的发展。影响大学高等教育国际化的因素很多,已有的研究表明,高等教育国际化的影响因素主要包括内在因素和外在因素两方面,但对于不同国家、不同高校,影响高等教育国际化的因素不同,同一影响因素作用于不同高校的效果也不同。本研究通过对研究型大学高等教育国际化的个案研究,考察影响其实施高等教育国际化的因素,有利于研究型大学更好地利用内外因素推动高等教育国际化的发展。

(3)有助于研究型大学利用自身优势,克服存在的劣势,提高高等教育国际化的水平。本研究从大学个案出发,深入分析研究型大学高等教育国际化的现实情况,提出其实施高等教育国际化的优势所在和存在的不足,有助于研究型大学清晰地认识自身情况,充分发挥自身优势,避免和克服存在的劣势,弥补现有高等教育国际化中的不足,从而促进高等教育国际化水平的提高。

第三节 国内外研究现状

一、国内研究现状

高等教育国际化已经成为世界各国高等教育发展的重要趋势,有关高等教育国际化的研究也非常丰富。本节运用文献计量方法,分析我国近十年来有关高等教育国际化的研究文献(见表 1-1)。

表 1-1　2005—2014 年国内有关高等教育国际化的研究文献数量　　　单位：篇

年份	期刊论文			博士论文	硕士论文	会议论文
	核心期刊	全部期刊	核心期刊比例			
2005 年	5	22	22.7%	0	3	0
2006 年	7	20	35.0%	0	9	2
2007 年	7	23	30.4%	0	2	0
2008 年	14	24	53.8%	0	3	2
2009 年	26	41	63.4%	0	2	1
2010 年	9	32	27.3%	1	7	2
2011 年	19	39	48.7%	2	3	1
2012 年	20	40	50.0%	1	6	1
2013 年	20	60	33.3%	0	7	25
2014 年	19	59	32.2%	1	4	1
合计	146	360	40.6%	5	46	35

分析的期刊文献来源于中国知网(CNKI)中收录的《中国学术期刊网络出版总库》《中国学术辑刊全文数据库》《世纪期刊》《商业评论数据库》以及《中国学术期刊网络出版总库·特刊》。学位论文来源于《中国博士学位论文全文数据库》和《中国优秀硕士学位论文全文数据库》。通过以下检索条件来选取分析样本：题名和关键词中均包含"高等教育国际化"或"大学国际化"；检索文献时间设定为 2005—2014 年；期刊来源为全部期刊，匹配选项为精确。

由表 1-1 可见，2005—2014 年，国内有关高等教育国际化的研究文献数量为 446 篇，其中期刊文章 360 篇，核心期刊数量共 146 篇(包括北大核心期刊和南大核心期刊)，约占期刊发文总数的 40.6%。发文中的博士论文 5 篇，硕士论文 46 篇，国内外会议文章 35 篇。10 年期间，高等教育国际化的研究文献主要来源于期刊文献，会议论文和硕士、博士论文的数量相对较少，并且各年发表的论文数量并无明显增长趋势；相比之下期刊论文的数量除 2006 年以及 2010—2012 年略有下降外，其余各年基本呈逐年增长的状态，但其中有关高等教育国际化的核心期刊论文数量增长不太明显，尤其是在 2007 年之后(详见图 1-2)。

一般情况下，文献分析主要考虑文献的年度分布、作者来源、期刊的影响力、文献的被引频次、研究内容、研究范式和方法等。本研究对发表在核心期刊上的146篇有关高等教育国际化的文献,主要从关键词、文献的被引情况、发文机构情况、发文期刊情况以及文献内容等方面进行了详细分析。

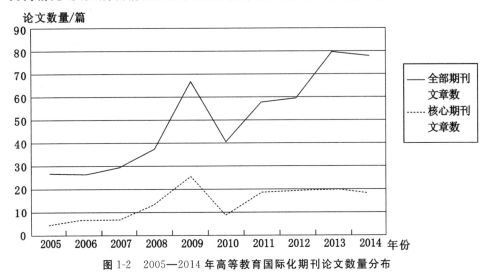

图1-2 2005—2014年高等教育国际化期刊论文数量分布

1.关键词词频分析

词频分析法是利用能够揭示或表达文献核心内容的关键词或主题词在某一研究领域文献中出现的频次高低,来确定该领域研究热点和发展动向的文献计量方法。本研究对2005—2014年核心期刊发表的有高等教育国际化的146篇文献关键词进行了统计,去掉语义或指代模糊的关键词,并将同一主题表达形式相似的关键词进行合并,最后将整理后的关键词词频排序,选择频数位于前50的关键词。

由于高等教育国际化、大学国际化或者国际化、高等教育、大学这些词已经被包含在搜索的关键词中,因此,在统计词频时,尽管这些关键词有很高的频率,但没有列入分析之列。具体的频率统计见表1-2。

从文献的关键词词频数量可以发现,总体来说,有关高等教育国际化的文献关键词类别较多,关键词主题较为分散。表1-2显示了高等教育国际化相关文献关键词词频的降序排列。可以看出,近十年来,有关高等教育国际化的文献中,关于国外大学高等教育国际化的经验研究最多,共出现27次;国际化教学、人才培养的数量也相对较多,分别出现23次和19次;国际化战略相关研究共出现16次,研究型大学共出现13次,全球化和地方大学分别出现11次,而高等教育和案例分别出现10次。在出现的全部28个关键词中,有11个关键词词频低于5,其中走出去、标准、挑战、大学使命以及合作办学5个关键词最少,分别出现了3次。

表1-2 关键词词频分析

关键词	频数	关键词	频数	关键词	频数	关键词	频数
国外大学	27	高等教育	10	政策	6	主体	4
教学	23	案例	10	比较研究	5	动因	4
人才培养	19	评价	9	世界公民	5	走出去	3
国际化战略	16	留学生	8	学科建设	4	标准	3
研究型大学	13	文化	8	开放大学	4	挑战	3
全球化	11	策略	7	服务贸易	4	大学使命	3
地方大学	11	中国	6	本土化	4	合作办学	3

2. 文献被引频次分析

文献的被引频次是普遍采用的一个量化指标,可较为客观地评价文献质量,文献的被引频次在一定程度上也反映了人们对某项研究工作的关注程度,可以从某一方面显示科学论文在科研过程中被使用和受重视的程度,以及在学术交流中的作用和地位。一般来说,文献的被引频次越高,表示研究质量越高,学术影响力和贡献力越大,因此,目前的研究评价中越来越多地倾向于采用被引频次来衡量论文的重要性。总体来讲,2005—2014年间在核心期刊上发表的146篇有关高等教育国际化文献的被引频次并不高,其中被引频次在20次及以上有15篇,被引频次在10次到19次的有15篇,其余文献的被引频次均在10次以下,有22篇文献的被引频次为0。在被引频次超过20次的15篇文献中仅有4篇文献的被引频次超过50次。由于被引频次与发表时间顺序有一定的关系,因此,在被引20次以上的15篇文献中,除《大学国际化发展程度评价指标体系的构建》(王鲜萍)和《高等教育国际化背景下的外语教学评价体系调整》(蔡基刚)是2010年之后发表的文献外,其余的文献均发表于2010年之前。表1-3列出了被引频次超过20次的文献题目、作者、发表期刊、发表时间以及被引频次。

3. 发文作者机构分析

根据对146篇有关高等教育国际化的核心期刊论文中第一作者所属机构

的统计,发文作者共来自40所大学,其中发文数量超过5篇的仅有5所大学,超过3篇的共有13所大学,其余22所大学的发文总数均低于3篇。在发文超过3篇的13所大学中,除两所大学外,其余11所大学都是我国的"985工程"大学。这说明,在核心期刊发表的有关高等教育国际化的文献绝大多数都是由研究型大学的学者完成的。图1-3显示了发文数量超过3篇的大学排序。其中南京大学的发文数量最多,共7篇。

表1-3 被引频次超过20次的文献

排序	题目	作者	期刊	时间	频次
1	美国、英国、澳大利亚的高等教育国际化	曾满超等	北京大学教育评论	2009/02	89
2	高等教育国际化与创新人才培养	陈昌贵等	高等教育研究	2008/06	70
3	大学国际化评价指标体系初探	李盛兵等	华南师范大学学报	2005/06	69
4	中国研究型大学国际化调查及评估指标构建	陈昌贵等	北京大学教育评论	2009/04	51
5	论高等教育国际化背景下的中外合作办学	白莉等	辽宁教育研究	2005/11	35
6	高等教育国际化的动因与模式——兼论中国大学国际化的路径选择	王旭辉	辽宁教育研究	2007/08	34
7	高等教育国际化发展历程、动因及趋势分析	李文山	首都师范大学学报	2006/01	34
8	内向型与外向型:中美高等教育国际化发展模式分析	毕晓玉等	现代大学教育	2006/01	33
9	近十年大学国际化问题研究趋向	王颖	江苏高教	2008/03	32
10	高等教育国际化进程中的跨文化管理	姚玲	黑龙江高教研究	2005/09	25
11	论培养"有根"的世界公民——中国研究型大学在高等教育国际化进程中的定位	刘经南	中国高教研究	2008/01	22
12	大学国际化发展程度评价指标体系的构建	王鲜萍	高教发展与评估	2010/03	21

续表

排序	题目	作者	期刊	时间	频次
13	高等教育国际化背景下的外语教学评价体系调整	蔡基刚	外语电化教学	2013/01	21
14	创新人才培养模式的实践与思考——以云南师范大学国际化人才培养模式为例	伊继东	国家教育行政学院学报	2009/04	21
15	云南—东盟高等教育国际化发展路径探究	伊继东	高等工程教育研究	2007/03	20

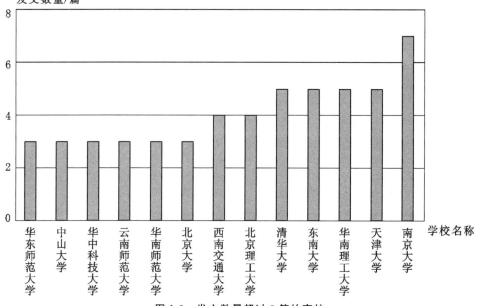

图 1-3　发文数量超过 3 篇的高校

4. 发文期刊分析

146 篇有关高等教育国际化的文章,分别发表在 68 种不同期刊中,其中发文篇数在 3 篇以上的期刊共 17 个。《中国成人教育》发表的高等教育国际化的文章最多,10 年间共发表 9 篇,《黑龙江高教研究》发表 8 篇,《中国高教研究》发表 7 篇,《高教发展与评估》和《全球教育展望》各发表 6 篇,《比较教育研究》《高等教育研究》《教育与经济》和《教育与职业》各发表 5 篇,《高等工程教育研究》发表 4 篇。发表文章数位于前 10 名的期刊的影响因子:《高等工程教育研究》为 1.77,《高等教育研究》为 1.52,《中国高教研究》为 1.27,《教育与经济》为

0.54，《黑龙江高教研究》为0.50，《全球教育展望》为0.49，《比较教育研究》为0.45，《高教发展与评估》为0.40，《教育与职业》为0.33，《中国成人教育》为0.17。可以看出，一些发表有关高等教育国际化研究的文献的期刊影响力不高，除了《高等工程教育》《高等教育研究》和《中国高教研究》的影响因子超过1外，其余期刊的影响因子均比较低。这说明，当前有关高等教育国际化的研究中，具有影响力的研究还相对较少。

二、国外研究现状

高等教育国际化已经成为世界高等教育发展的一个趋势，国外有关高等教育国际化的研究较多，这些研究绝大部分是由高校和研究机构发起的，也有的是由教育协会和组织发起的。其中经济合作与发展组织和联合国教科文组织有关高等教育国际化的研究，对高等教育国际化的发展具有重要的指导意义。这些国际组织通过举办国际会议、发表报告对高等教育国际化的现状、问题、未来发展趋势进行总结，并为各国制定高等教育国际化政策提供参考。例如，1995年11月经济合作发展组织召开了高等教育国际化学术讨论会，认为高等教育国际化包括学生、教师、课程、科研、培养、合作交流和资源共享等要素。1996年，联合国教科文组织在《教育——财富蕴藏其中》的报告中，将开展国际合作与人才培养、从事研究和提供终身教育并列为大学的基本职能。1998年3月，欧盟15国，东盟7国以及中国、日本、韩国的代表参加了"亚欧高校交流论坛"，成立了"亚欧大学中心"，其目的在于加强欧亚大学之间的交流，促进课程、学分和学历等互认，促进国际交流与合作。

全美最具影响力的高等教育组织，美国教育委员会（ACE）就专门成立了"国际化及全球参与中心"，其目的就是为了协助高校实施综合的、有效的国际化项目，以增加学生、教师的全球参与。该中心通过具体项目以及项目的年度报告来促进高等教育国际化的发展，并发起了有关美国大学国际化情况的调查，通过该调查数据，构建了美国大学国际化的模型，认为大学的国际化包括大学的承诺、大学行政领导机构、国际化的结构和员工、国际化的课程、课外活动以及学习成果、大学的国际化政策以及实践、学生的流动以及国家的合作与伙伴关系。成立于1919年的国际教育协会（IIE）旨在促进人员和思想的国际交流。该协会的主要任务就是进行政策研究，对学生和学者的国际交流提供支持,其门户开放数据(opendoors)每年对高等教育人员的国际流动、高等教育项目的实施等内容进行了总结和分析。

一些学者认为,高等教育国际化文献的大量增长可以用两个指标来衡量,一个指标就是国际化和比较高等教育领域期刊数量的增长。据统计,2008年,主要的国际化期刊分布在30个国家的228家出版机构。另一个指标是美国高等教育研究协会(ASHE)对有关高等教育国际化研究的关注不断增加。1995年国际高等教育委员会(CIHE)举办的第一次预备会议中,共有23名学者做了17场报告,有8位学者来自美国以外的7所高校。而到了2012年,参会的74名学者,共进行了37场有关高等教育国际化的报告,其中有32名学者来自美国以外的22家单位。同年美国高等教育研究协会举办的会议中也包括讨论高等教育国际化的37个分会场。除美国外,世界范围内高等教育机构对高等教育同质化的研究兴趣也在不断增加。2011年,有49篇关于国际高等教育研究的文章被刊登在《高等教育编年史》上,而2001年刊登在该期刊上的同一主题的研究仅有18篇。

除了上述有关组织和机构外,世界各国的有关大学对高等教育国际化的研究也十分丰富,各国学者对高等教育国际化也进行了大量的研究。这些研究涉及高等教育国际化的定义与内涵、高等教育国际化的要素和指标、高等教育国际化的理论模型以及高等教育国际化的个案研究等。有的研究从微观层面考察了教师、学生、课程等方面的国际化,有的则考察了高等教育国际化产生和发展的过程。

Knight和De Wit从过程的角度讨论了高等教育国际化的内涵,认为高等教育国际化是全球化的反映,是一个逐渐发展的过程,不仅包括国际的,也包括地方的元素。Stier从跨文化的角度出发讨论了高等教育国际化的定义,他认为国际化是一个相互交流、相互影响的过程,是一种理念或一种政策。Elliot也认为,国际化是一种理念或政策目标,是政府鼓励高等教育应对全球挑战的系统过程。

高等教育国际化的策略也是学者们广为关注的问题之一。1995年Knight和De Wit提出了高等教育国际化策略的分类体系,这是最早的有关大学高等教育国际化策略的分类体系。也有一些学者从管理特征入手研究高等教育国际化的策略,其中代表人物之一是Neave,他将国际化的策略分为领导者驱动型和基层驱动型两种。1998年Rudzki提出了一种不规则过程模式的高等教育国际化管理策略，这一模式包括策略的制定、实施与评价三方面的内容。

许多学者根据对大学高等教育国际化的考察，提出了不同的模型。例如，Van Dijk和Meijer基于对荷兰高校的调查，提出了一种高等教育国际化模型。该模型从政策、支持以及实施三方面将大学的国际化实施情况构建为一个立方体，高校根据自身在这三方面的表现确定大学国际化发展所处的阶段和位置，并通过不断调整学校的国际化目标和策略向更高层次的位置转变。Knight从过程视角的高等教育国际化出发，构建了大学实施国际化的循环模型，该模型体现了大学将国际化的维度整合到教学、科研及服务过程中的六个具体方面。澳大利亚学者Manning对Knight的国际化模型进行了改进，将来自内部和外部的反馈因素加入到国际化模型中，强调了Knight模型中各个环节的相互作用，完善了高等教育国际化的循环模型。

此外，也有很多学者从世界体系理论、依附理论以及推拉理论等视角出发，分析全球化背景下学生的国际流动趋势及其原因。Altbach运用依附理论和世界体系理论分析了全球高等教育发展的特点，并认为全球高等教育发展过程中同样存在着不平等现象，这种现象主要是由于各个国家高等教育之间的不平等、发展不均衡所致，这种不平等使不发达国家在发展自己的高等教育时面临更多的挑战，这可以解释当前国际留学生市场和人才单向流动的现象。

有关高等教育国际化的文献数量有了明显的增长，研究的内容和主题也逐渐丰富，但对这类文献仍缺乏系统综合的分析。近些年来，一些学者运用文献计量法从作者、机构、国家以及学科等方面对有关高等教育国际化的文献进行了分析。研究发现，当前进行有关高等教育国际化研究的国家以北美、欧洲以及澳大利亚为主。另外，中国和南非对该领域的研究也较多。但不同国家对高等教育国际化研究的合作并不深入。尽管全世界范围内高等教育国际化的研究很多，这些研究仍然有明显的国家界限，其中还表现在少数西方国家在研究中占主导地位。

总之，国外有关高等教育国际化的文献十分丰富，对高等教育国际化的研究既涉及宏观的政策层面，也涉及高校层面，研究的范式既包括规范研究，也包括实证研究。相比之下，国内有关高等教育国际化研究的数量在不断增加，但从大学层面出发，考察高等教育国际化政策与现实的文献较少。尽管国外高等教育国际化的相关研究为我们提供了借鉴和参考,但由于其研究背景和研究对象大多针对发达国家的高校,并不能完全照搬与效仿。因此,从大学层面出发,关注我国研究型大学的高等教育国际化政策、现实以及发展模式,才能更好地丰富与发展适合我国国情的高等教育国际化政策与理论。

第四节 研究的内容与组织结构

一、研究的内容

1. 高等教育国际化的内涵研究

国内外许多学者对高等教育国际化的概念、内涵进行了广泛而深入的研究。一些学者从活动的角度讨论高等教育国际化,一些学者从过程的视角研究高等教育国际化,也有的学者从能力和精神气质的角度去考察高等教育国际化。高等教育的发展阶段不同,实施高等教育国际化的目的不同,不同的国家和机构对高等教育国际化的界定和理解也不同,目前对高等教育国际化的定义并没有一个统一的标准。因此在考察大学层面的高等教育国际化时,首先应确定高等教育国际化的内涵和定义。国际化是全球化作用的结果,是对全球化做出的应对和反应,因此,一些学者认为在全球化的影响下,高等教育国际化在建立网络关系、促进合作交流的同时呈现出趋同化或同质化的发展趋势;一些国家,特别是发展中国家强调,高等教育国际化面临着"西化"的危险。随着高等教育国际化的发展,特别是在全球高等教育发展不平等的现实中,处于弱势地位的发展中国家很可能会丧失本土的特色,从而变得更加依附于发达国家,高等教育服务于本国经济、科技和社会文明的能力也逐渐被削弱。一些学者针对于全球化、国际化和地方化的争论,提出了全球地方化的概念,认为全球化不是一个包罗万象的概念,而是一个"自限"的概念,即全球化的每一步进程都与本地具体、特殊的环境发生关系,并受到地方特殊性的限制。也有一些研究讨论了国际化和本土化的关系,认为二者之间并不矛盾,是相辅相成的,国际化和本土化之间形成一种张力,并且将二者结合起来才能真正意义上实现国际化。

本研究认为,高等教育国际化并不是全盘的"西化"。尽管在全球化作用下,高等教育国际化的一些内容呈现相同的趋势,表现为"趋同"的特点,但在不同的国家背景和高等教育体系下,高等教育国际化同样也呈现出民族和国家自身的特点。由于全球高等教育国际化发展的不均衡和不平等性,我国在实施高等教育国际化的过程中也面临着一定的挑战和困难,所以更应该保持本国高等教育国际化的特色,发挥本土的优势,将国际化和本土化有机地结合起来,通过不断创新,实现高等教育国际化的发展,从而探索出一条适应中国国情、具有中国特色的高等教育国际化道路。本研究的内容之一就是在分析国内外高等教育国际化概念、内涵、要素以及指标体系的基础上,结合我国高等教育国际化的现实情况,提出我国研究型大学高等教育国际化的具体要素,回答什么是高等教育国际化的问题。

2. 高等教育国际化的动因研究

有关高等教育国际化动因的研究就是解决"为什么要实施高等教育国际化"的问题,对于不同的国家和大学,实施高等教育国际化的目的和动因也不同。一些国家和大学更强调高等教育国际化的政治作用,将高等教育国际化作为一种外交的手段,通过资助人员的交流、访问、研究等高等教育国际化活动,加强对不同国家的认识和理解,从而制定和调整国家战略,提高国家竞争力,维护国家的领导地位。一些国家更强调学术动因,通过实施高等教育国际化,建立共同的学历、学位认证体系,从而促进各国的经济、社会以及教育的交流与合作。对于发展中国家来说,实施高等教育国际化更多地是为了促进国家的经济、社会发展,学习发达国家的宝贵经验,从而提升自身的竞争力和综合国力。

国内外的许多学者对高等教育国际化动因做了大量的研究。其中,国内的研究主要出现在 2000 年之后,基本上是从宏观的角度对已有文献中高等教育国际化动因的概括与总结,很少涉及大学层面的高等教育国际化动因研究。相比之下,国外高等教育国际化动因研究的视角相对更广,除了从宏观层面进行考察外,还从大学层面分析大学的高等教育国际化动因。尽管国外的研究中涉及大学层面的高等教育国际化动因研究,但这些研究并不一定适用于我国的高等教育环境。因此本研究从大学层面出发,通过对我国大学的个案分析,来考察高等教育国际化的动因,解决了我国高等教育环境下,大学为什么要实施高等教育国际化的问题。

3. 高等教育国际化发展的策略研究

"如何实现高等教育国际化"这一问题主要是考察高等教育国际化的策略

及影响因素。策略是国家和大学实施高等教育国际化的具体方式与方法,不同国家和高等教育机构采取的具体策略并不相同,而不同策略的制定和实施又是基于对本国高等教育国际化现实与影响因素的清晰认识。因此,只有了解国家或大学实施高等教育国际化的优势、劣势、存在的问题以及影响因素,才能更好地制定高等教育国际化策略,推动高等教育国际化的发展。

本研究在明确高等教育国际化内涵和要素的基础上,通过对大学个案的分析研究,进一步考察了我国研究型大学高等教育国际化的现状与策略,总结了该大学实施高等教育国际化的优势和存在的问题;通过对教师和学生的访谈,分析了大学层面高等教育国际化的影响因素,并在此基础上提出了提升研究型大学高等教育国际化水平的对策建议,解决了在当前高等教育环境和背景下,我国研究型大学"如何实现高等教育国际化"的问题。

二、研究的组织结构

本研究将运用文本分析、个案研究以及访谈等方法,从大学现实和个体感知两个层面考察我国研究型大学高等教育国际化的政策和现实。具体的技术路线如图1-4所示。本书各章节的内容安排如下:

第一章绪论。对当前高等教育国际化的研究背景进行介绍,讨论本研究的理论和现实意义,梳理国内外研究现状,概括本研究的内容和组织结构。

第二章文献综述。梳理有关高等教育国际化的概念、内涵、指标体系、策略、动因以及影响因素的研究,并对国际化相关的思想基础与理论模型进行分析和评述。

第三章国内外高等教育国际化政策比较。整理分析发达国家和中国的高等教育国际化政策发展历程及其特点,并对不同国家和地区的高等教育国际化政策内容进行比较。

第四章我国高等教育国际化个案分析。首先,在分析和综述高等教育国际化理论和政策文献的基础上,结合我国高等教育国际化的现实,提出大学层面高等教育国际化的分析框架,并且介绍本研究采用的研究范式、研究方法、数据来源以及分析方法等内容。其次,依据提出的大学层面的高等教育国际化分析框架,以我国X大学为研究对象,从现实和感知两个层面出发,考察了该大学在政策、组织机构和支持系统、教学、科研、合作与联盟以及中外合作办学六方面的国际化现实情况;对该大学高等教育国际化现实情况进行分析;通过对教师和学生的访谈,分析其感知的高等教育国际化的内涵、动因及影响因素,建构高等教育国际化的现实图景。

第五章是结论与展望。总结本研究的具体结论,提出促进研究型大学国际化发展的对策建议,以及本研究的创新点,并对未来该领域的研究进行展望。

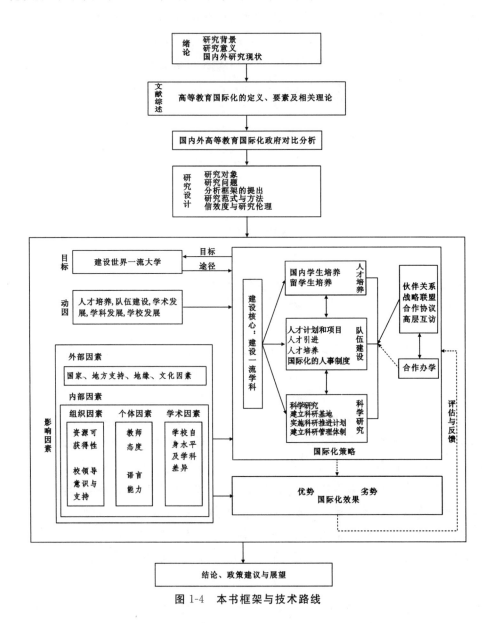

图1-4 本书框架与技术路线

第二章 文献综述

本章的主要目的是对现有高等教育国际化的理论基础及研究文献进行总结、评述,包括对高等教育国际化的定义、要素、指标、动因、方法以及高等教育国际化的影响因素和相关理论模型的介绍。

第一节 高等教育国际化及其相关概念

一、全球化与国际化

研究高等教育国际化首先应当理解全球化和国际化的概念以及全球化与国际化的关系。根据 Knight 和 De Wit 的观点,全球化指技术、经济、知识、人员、价值观和思想的跨境流动,由于各个国家的历史、传统及文化不同,全球化的影响也不尽相同。

黄福涛认为,"全球化强调在世界范围内建立超越国家、不受任何约束或排除任何政治特别是文化差异的统一标准,即建立一种放之四海而皆准的模式或一元世界,而国际化主要表现为不同国家或不同文化之间的交流,国际化的目的并不在于建立世界范围统一的模式或一元世界,而是以主权国家或不同文化的存在为前提。"

英国学者 Peter Scott 认为,国际化的概念主要指国家之间增加合作的过程,因而也指跨越国家边界的活动,它反映的是民族国家摒弃中心作用的世界秩序,强调建立基于相互理解、相互尊重和相互合作的战略国际关系。

国际化的产生发展与其周围的环境密切相关,而全球化则是这个环境中最重要的特点之一,因此全球化及其各要素诸如知识社会、信息技术、市场经济、贸易自由化、国家干涉等对于国际化有着很大的影响。根据 Hayward 的观点,国际化是国家对全球化的反映,旨在促进对全球环境的理解以及在这一环境中的互动。他认为,国际化可以看作是国家对全球化有意识的反映。因此,二者可以看作是影响与被影响,催生与反映的关系。

国际化并不是一个新名词,但它在高等教育领域的发展从20世纪80年代才开始。有些学者认为高等教育国际化是指一系列的国际行为如学生、教师流动,国际联系、合作关系以及国际学术项目和研究创新。还有一些学者认为,高等教育国际化是指将国际化或全球化的维度整合到大学课程教学中的过程。

二、高等教育国际化及其相关概念

高等教育国际化的概念一直处于动态发展的过程之中,不同的历史时期,不同的社会经济发展背景往往赋予其不同的内涵。

早期对高等教育国际化的定义就存在很多争论。一些学者从活动的角度去定义高等教育国际化,一些学者则认为高等教育国际化应该是一个过程,还有一些学者认为,高等教育国际化是高校应对全球化而做出的努力。例如,Arum和Van de Water认为,高等教育国际化是指与国际研究、国际教育交流和技术合作相关的多样化的活动、项目与服务。该定义是从活动的角度界定高等教育国际化。哥伦比亚国际教育中心(BCCIE)认为,国际化就是使社会群体成功地参与到相互依赖的世界中的过程,这个过程应该包括高等教育体系的各个方面。哥伦比亚国际教育中心的定义从过程的角度来定义国际化,更强调国际化的参与。加拿大学者Knight也倾向于从过程的视角定义高等教育国际化。她在早期定义高等教育国际化时,认为高等教育国际化是将国际化的维度整合到高校的教学、研究以及服务功能中的过程。联合国教科文组织下属的国际大学联合会(IAU)也认为"高等教育国际化是把跨国界和跨文化的视角和氛围与大学的教学、科学研究和社会服务等主要功能相结合的过程,这是一个包罗万象的过程,既有学校内部的变化,又有学校外部的变化;既有自下而上的,又有自上而下的,还有学校自身的政策导向变化"。也有一些学者或机构从国际化与全球化关系的角度去分析高等教育国际化。例如,加拿大大学联合会(AUCC)认为,并没有一个简单、独特又能包罗万象的国际化定义,国际化包括大量的活动,目的是在全球化的环境中提供一种教育经历。Van der Wende认为,任何致力于使高等教育应对全球化在社会、经济和劳动力市场的要求和挑战的系统努力都属于国际化。该观点是从应对全球化要求的角度去考虑高等教育国际化。Altbach对高等教育国际化的定义更强调全球化对不同国家及大学的影响,以及全球化造成的各国高等教育的不均衡发展。他认为,国际化就是由政府、学术体系甚至是私人部门采取的政策和项目,用来支持学生或教师的流动、鼓励海外合作研究、建立联合教学项目或其他的活动。

20世纪80年代以来,对高等教育国际化的定义呈现多样化的特征,但Knight发现,对高等教育国际化的定义大致可以分为四种方法:活动方法、能力方法、组织方法和过程方法。Qiang对Knight的分类进行了补充,并将其概括为活动方法、能力方法、精神气质方法以及过程方法。这四种方法是目前学术界比较认可的对高等教育国际化定义的方法。活动方法从活动的角度出发来界定高等教育国际化,这些活动包括课程、学生和学者的交流以及研究合作等内容。能力方法从培养发展学生、教师和其他教职员工的新技能、态度和知识的角度来界定高等教育国际化,这一界定方法关注更多的是人的维度,而不是学术组织管理问题。精神气质方法主要从大学中支持跨文化的、国际的观点和活动的精神气质或文化氛围的视角来界定高等教育国际化。过程方法则从将国际的维度或观念融入高校各种功能之中的过程来界定高等教育国际化,各种各样的学术活动、组织策略、程序与战略都是这一过程的组成部分。

De Wit指出,由于高等教育国际化的维度得到广泛关注,人们倾向于按照适合自己的目的来使用这个术语,但实际上并不存在一个放之四海皆适用的定义,因此对高等教育国际化常常采用操作定义的方式。Knight在2003年对她之前的高等教育国际化定义进行了完善,提出了高等教育国际化的操作性定义,认为高等教育国际化是指将国际、跨文化与全球维度整合到大学的目的、功能或传递中的过程。其中,"整合"是指将国际的、跨文化的维度注入到政策和项目中的过程,其目的就是使国际化的维度处于中心地位或可持续的地位,从而不被边缘化。"国际化"和"跨文化"被用于理解民族、国家和文化之间的关系,同时也指国家、社会、机构内的文化多样性,"全球化"的提出则是为了提供一个更广泛的理解国际化的意义;"目的"是指国家或者学校的使命,高等教育的角色或目标。"功能"指高等教育体系或大学自身的任务或者要素,通常包括教学、研究和社会服务。"传递"则强调在本国或其他国家提供教育课程和项目。这是她对于其本人于1994年提出的国际化定义进行的补充,同时也反映了社会环境与现实的变化。随着全球化的发展,政府在高等教育国际化过程中的作用变得越来越重要,教育提供者的数量不断增加,提供者的种类也变得十分多样化,这些变化都在新的定义中得到体现。该定义是目前学者们采用较多的高等教育国际化定义,为不同国家和地区的政府、教育部门或高校提供了一个可以参考的理解高等教育国际化内涵的框架。

高等教育国际化的术语从 20 世纪 80 年代开始在学术界得到普遍运用,但是与此同时,也有一些相关的术语用来表示高等教育的国际化维度,例如国际教育、高等教育的国际合作等。近几十年来,随着高等教育国际化概念的发展,许多学者也对相关类似概念进行了辨析,从而使高等教育国际化的概念越来越清晰。这些概念包括跨国教育(transnational education)、无边界教育(borderless education)、离岸教育(offshore education)、跨边界教育(cross-border education)和跨国化(transnationalization)等。

跨国教育是由联合国教科文组织最早提出来的,其意义是指学习者在另外一国而不是在颁发证书所在国家接受的各种类型的高等教育,这类高等教育包括特许办学、项目合作以及海外分校等具体形式。跨国教育属于高等教育国际化的范畴,但与高等教育国际化又有一定区别,这是因为高等教育国际化的重点强调的是本国高等教育如何发展,而跨国教育更强调本国高等教育的输出,以获得政治或经济利益。

无边界教育概念最早是由澳大利亚学者 Cunningham 提出的,是指对传统的高等教育固有的概念、学科和地理边界的模糊。无边界教育经常与跨边界教育相提并论,但二者强调的重点不同。无边界教育承认边界的消失,而跨边界教育同高等教育国际化一样都强调边界的存在。无边界教育和跨边界教育这两个概念都反映出了当今的现实,即随着远程教育和网络教育的发展,国家之间边界的概念相比过去其重要性大大下降,但是在涉及质量保证、资金筹集以及资格认证的时候,边界作为一种监管责任,变得越来越重要。离岸教育指的是在境外实施的教育,但由于跨边界教育概念的引入,近些年来对离岸教育的使用逐渐减少。跨边界教育的概念是作为国际化活动的一个分支而被广泛使用的一个术语,它对应的是国内的高等教育国际化(internationalization at home),更加强调海外的高等教育国际化。

跨国化是指一国的学术与科学机构、公司与项目等跨越国界,在另一国设立分支机构或通过网络开展经营,或与其他国家形成合作伙伴关系。

三、研究型大学

研究型大学的历史可以追溯到19世纪,1810年成立的德国柏林大学被认为是最早的研究型大学。随着现代高等教育的发展,世界高等教育的中心逐渐转移到了美国。1876年,约翰·霍普金斯大学的创立成为现代研究型大学的标志。总体来说,研究型大学的发展共经历了四个阶段:萌芽阶段、初创阶段、发展阶段和成熟阶段。其中萌芽阶段是以柏林大学的创立为标志的,其"教学与科研相结合"的理念将科学研究确立为大学的一项基本职能。初创阶段以美国约翰·霍普金斯大学时创立为标志,通过建设大学的研究生院逐渐将教学与科研结合起来。第二次世界大战(以下简称"二战")期间,美国的研究型大学参加了尖端武器的设计研发,推动了研究型大学与政府关系的发展,从而导致美国政府对研究型大学的大量投入,极大地推动了研究型大学的发展。20世纪90年代以来,包括英国、法国、德国在内的许多发达国家都大力发展研究型大学。我国在实施"985工程"以来,也开始了研究型大学的建设之路。

对研究型大学的理解主要参照美国卡内基教育促进基金会在20世纪70年代提出的研究型大学的分类标准。不同国家对研究型大学的类型以及分类指标又有自己的思考。总体来看,研究型大学应该具备以下特征:要以科研为中心,并承担传播知识、应用于创新的职能;研究型大学的目标是产出高水平科研成果,培养高层次精英人才;研究型大学应在经济、社会、文化和教育发展中发挥重要作用。除了描述性的界定方式以外,我国的一些学者还通过定量的方法来划分研究型大学,包括考察一级学科的博士学位点授权数量、科研经费数量、研究生与本科生的比例等内容。本研究所考察的研究型大学主要是我国的"985工程"大学,并选取X大学作为个案来深入考察我国高等教育国际化的情况。

第二节 高等教育国际化的动因与方法

一、高等教育国际化的动因

"rationale"一词是国外学者考察高等教育国际化时提出来的。根据Knight等人的解释,"rationale"是国家、教育部门或高校开展国际化活动的驱动力。通常反映在制定和执行的政策和项目中，表明了通过实施国际化可能的收益或预期的产出。换句话说，"rationale"是指一个国家或高校在实施高等教育国际化背后的考虑和原因。通常情况下，大学实施高等教育国际化背后的动因决定了其对高等教育国际化的概念和内涵的理解，同时也决定了其实施高等教育国际化具体策略和措施的选择。

Knight 和 De Wit 最初从社会和文化、政治、经济以及学术四方面来讨论高等教育国际化的动因（见表2-1）。之后，对于高等教育国际化动因的变化和发展的研究也从未间断。2004年，Knight 从国家和高校两个层面对高等教育国际化的动因进行了重新分类，这是因为随着全球化的发展，高等教育的提供者变得多样化，不同教育提供者特别是国家对高等教育国际化发展的作用越来越不容忽视；大学更加重视高等教育国际化的发展，高校层面的高等教育国际化研究也越来越多。因此必须有一种分类能够更清晰地反映国家和高校在实施高等教育国际化过程中的不同动因。

表2-1　实施高等教育国际化的动因

维度	具体内容
社会和文化	民族文化认同，跨文化理解，公民发展，社会和社区发展
政治	对外政策，国家安全，技术支持，和平与相互理解，民族认同，区域身份
经济	经济增长与竞争，劳动力市场，刺激经济
学术	学术扩展，大学建设，形象与地位，质量促进，国际学术标准，教学与研究的国际化

根据 Knight 的观点，在国家层面，实施高等教育国际化更多的是为国家战略发展服务，通过高等教育国际化来促进人力资源发展，形成国家之间的战略联盟，为国家之间的商业贸易往来服务，促进国家建设以及社会和文化的发展。

第一，全球知识经济的兴起和发展，劳动力以及贸易服务在全世界范围内的流动，使得国家越来越重视人力资本的发展，国家通过实施人才战略，调整移民政策，设立国际教育项目等来吸引更多的人才。

第二，战略联盟既是国家实施高等教育国际化的一个动因，也是实现高等教育国际化的一个重要途径和方式。建立战略联盟既是出于政治和经济的目的，也是出于学术和社会文化的目的。通过学生和学者的交流，建立合作研究项目，国家之间可以建立更紧密的地缘政治和经济关系。近些年来，国家和地区之间建立的战略联盟更多考虑的是经济的目的，而通过高等教育国际化来发展战略联盟已经被认为是加强区域或双边合作,赢得竞争优势的一个主要的途径。

第三,增加收入或促进商业贸易。通过提供跨境教育活动,可以增加更多产生收入的机会。许多特许经营、海外分校、网络教育以及越来越多的付费教育都体现了高等教育国际化的商业考虑。自《服务贸易总协定》签署以来,教育成为贸易服务的一部分,很多国家考虑将教育作为一种服务对外出口,其主要目的就是为了获得大量的经济收益。

第四,促进国家与高校建设。一些国家,特别是发展中国家,实施高等教育国际化的目的是为了促进国家建设。随着高等教育国际化由最初的国际援助形式逐渐向以商业和贸易形式转变,一些国家通过输出教育来获得经济利益,而另一些国家则通过引进教育项目和高校来加强公民的教育和培训,增强劳动力的技能,促进研究和知识生产,从而实现国家建设的目的。

第五,促进社会、文化发展。促进不同文化和国家之间的相互理解和文化认同是当前国家实施高等教育国际化的一个动因或考虑因素。一些学者认为,国家之间的文化冲突带来的一系列问题导致我们重新审视文化与社会发展这一动因在实施高等教育国际化中的地位和作用。

从高校层面来看,高校实施高等教育国际化的目的是为了提升自身的国际形象,为自身的发展带来收入,促进学生与教师的发展,与不同的国家和地区的院校建立战略联盟,以及促进研究和知识生产等(见表2-2)。

表2-2 不同层面的高等教育国际化动因

层面	具体内容
国家层面	人力资源发展,战略联盟,商业贸易,国家建设,社会和文化发展
高校层面	国际品牌与形象,产生收入,学生与教师发展,战略联盟,知识生产

国际品牌与形象是指大学更注重自己作为高质量、国际化高校的国际声誉,从而能够吸引到更多的优秀的学者、学生以及高水平的研究和培训项目。

同时,高等教育国际化的另一个目的是为了促进学生与教师发展,主要表现在以下几方面。

第一,不同国家、地区以及文化冲突的增加使得学者们更加注重培养学生对全球、国际以及跨文化关系的理解。

第二,全球劳动力市场的发展使得工作的社区、环境中文化的多样性增加,这就要求学生和学者们应该具有理解和适应多元文化环境的能力。

第三,高等教育越来越强调问责和效果,要求学校通过实施国际化的活动来提高学生和教师的能力。

第四,信息与技术的发展要求并提供更多的机会,学生和教师能够更加深刻地认识和理解当今世界。

从产生收入方面来看,随着政府对高等教育经费的削减,许多欧美高校都将国际化的活动作为筹集资金、增加学校收入的一种方式。这一动因对于营利性大学和非营利性大学同样适用。对于营利性大学,国际化活动本身就是一种增加收入的方式,通过招收国际学生,对外输出教育等获得经济收益。对于非营利性大学来说,学校更多关心的是国际化带来的收入如何再利用的问题。一些学者认为,国际化活动带来的收入应该用于整个学校的办学活动之中,而也有一些学者认为,这些收入应该投入到更多的国际化活动之中。

从战略联盟的角度来看,在国际化实施初期,大学更倾向于通过签署协议建立国际联系,以促进学术交流、完善学术标准、发展联合课程或项目。然而这些协议并不一定都能发挥作用,有些仅仅只是停留在纸面上,只有当大学的国际化发展到成熟阶段,才能够带着清晰的目的和预期的成果来发展战略联盟。总之,战略联盟并不是实施国际化的目的,而是一种手段,通过战略联盟来实现学科、经济、技术以及文化发展的目标。

大学在知识生产中具有重要作用,随着全球化的发展,国家之间的联系越来越紧密,一些全球性的挑战,如环境、健康等问题,在单一国家层面上很难解决,需要更依赖国家之间的合作,因此,大学和政府都将国际化的研究与知识生产作为大学实施高等教育国际化的一个重要动因。

二、高等教育国际化的方法

国际化虽然已经成为高等教育领域的一个重要趋势,但是不同的国家和高校会根据自己的实际情况采取不同的方法来发展和实施国际化。Knight 认为,高等教育国际化的方法(approach)并不同于定义,一个国家或高校即使对高等教育国际化具有共同的理解,但是由于文化、资源、历史、政治等方面的差异,往往会采取不同的方法来考察和实施高等教育国际化。国际化的方法能够反映国家或大学实施高等教育国际化时的价值考虑、优先次序以及采取的行动。如同对高等教育国际化的理解一样,高等教育国际化的方法也是不断发展和变化的。

高等教育国际化的方法可以从国家和高校两个层面进行讨论。国家层面的方法包括政策、战略、项目、动因和特定性。高校层面包括活动、结果、动因、过程、境内和境外六种方法(见表2-3)。这六种方法是从 Knight 提出的活动、过程、能力和精神气质四种方法演变而来的。无论是哪个层面或哪种形式的国际化的实施方法,它们之间并不相互排斥,内容之间也会有一定的重复。但更重要的是,大学应该审视这些方法是否适合自身的情况,应结合国家和学校自身对高等教育国际化的理解,更好地促进高等教育国际化的发展。

表 2-3 从国家和高校层面实施高等教育国际化的方法

层面	方法	具体表述
国家层面	政策	对高等教育国际化制定的政策,其中强调了高等教育国际维度或跨文化维度的重要性。这些政策可以来自教育、外事、科技、文化和贸易等不同部门
	战略	高等教育国际化是为实现国家目标的国家战略的关键内容
	项目	高等教育国际化被认为是提供资助项目使高校和个人有机会从事诸如交流、研究以及联系的国际化活动
	动因	从国家和高校为什么要实施国际化的角度去理解国际化
	特定性	高等教育国际化被认为是对高等教育合作与流动过程中出现的机会做出的特定反应
高校层面	活动	国际化被认为是诸如留学、课程、学术项目、高校联系及网络、发展计划、海外分校等一系列活动
	结果	从期待的结果的角度考虑国际化,如学生能力、国际协议、合作伙伴或计划等
	动因	高校层面的动因包括学术标准、获得收入、文化多样性、教师和员工发展等
	过程	国际化被认为是将国际化的维度整合到高校的教学、科研和服务功能中的过程
	境内	国际化被认为是创造大学的文化或氛围,以促进对国际化的理解和对校园活动的关注
	境外	国际化被认为是通过不同的模式向其他国家跨境传递教育

第三节 高等教育国际化的要素及评价指标

一、国外机构的高等教育国际化评价指标

如果说概念和定义是理解高等教育国际化的前提,那么对高等教育国际化评价指标的具体规定则是考察和实施高等教育国际化的基础。许多学者从国际化的要素和具体内容出发,提出了高等教育国际化的评价指标。必须指出的是,由于不同学者、机构等对高等教育国际化的概念、内涵的理解不同,实施高等教育国际化的理由与动因不同,设计的高等教育国际化评价指标体系也有较大的差别。

Ellingboe 在 1998 年通过研究美国实施高等教育国际化成功的院校,提出了高等教育国际化的概念模型。他指出全面的、成功的大学国际化必须包括大学的领导、教师参与、国际化课程、学生的国际化活动、国际学生和学者的融合以及课外活动六方面的要素。其中大学的领导包括高等教育国际化在大学发展中的优先地位,学校战略规划与人事决定中的国际化内容;教师参与包括教师对学生海外学习的促进情况,教师的国际研究项目与合作情况,教师与本校国外教师的接触情况等;国际化课程包括将国际化的概念融入所有学科的过程,以及课程与专业的国际化元素或资源;学生的国际化活动包括国际化的学习、科研以及实习活动;国际学生和学者的融合包括促进同侪交流、个体理解的活动;课外活动包括促进对国际化问题的理解,加强国际化校园活动等。

Marginson 认为,高等教育国际化包括教师的国际交流、招收国外学生、本国学生出境交流、国际研究与合作、建立国际合作伙伴以及开设网络课程六方面的要素。

陈学飞总结了高等教育国际化的诸要素,认为国际化的基本要素包括国际化的教育观念、国际化的目标、国际化的课程、人员的国际交流、国际学术交流与合作研究以及教育资源的国际共享六方面的要素。

除了总结高等教育国际化的要素和具体内容之外,许多机构和学者提出了评价高等教育国际化的指标体系。

1. 经济合作与发展经济的国际化质量评估项目

国际化质量评估项目(IQRP)是经济合作发展组织的高校管理项目部(IMHE)和学术合作协会(ACA)于1995年提出的对高校国际化策略的质量进行评估的项目。该项目的目的在于提高高校对高等教育国际化质量评估与保障的意识,为高校评估高等教育国际化的表现,提升高等教育国际化质量提供一个框架,同时也是为了更好地发挥高等教育国际化在提升高等教育质量中的作用。

该评估项目包括学校自我评价和同行评价两个部分。许多高校采用国际化质量评估项目的指标来评价自身的高等教育国际化表现以及国际化对于提高高等教育质量的作用,也有一些大学依据该指标体系来设计和实施学校的国际化策略。国际化质量评估项目的自我评价指标包括国际化背景、国际化政策与策略、国际化组织与支持结构、学术项目、学生、研究与学术合作、人力资源管理以及合同与服务七方面的内容(见表2-4)。其中国际化背景包括高等教育体系概述、学校情况概述以及国内外环境分析三方面内容。对高等教育体系描述的主要目的在于确定学校在该体系中所处的位置。学校情况概述则考虑学校在发展的时间,在校学生情况,教职员工情况,院系设置,大学使命以及之前学校对于国际化做出的努力等。国际化政策和策略维度主要考察不同高校实施国际化的动因,高校的国际化政策和实施策略,学校内不同人群如何看待国际化在学校战略规划中的作用,以及国际化政策决策过程等;国际化组织与支持结构维度包括学校设立的国际化机构或部门,学校或部门的国际化规划以及国际化的评估体系,国际化的技术支持资金支持和资源分配,支持服务设施等;学术项目与学生维度包括课程的国际化(地区和语言学习、学位项目和教学过程),本国学生的国际化,国外学生,海外学习及学生交换项目等四方面;研究与学术合作维度主要指促进学术研究与合作的机会、项目、计划、协议、机制以及这些方式实施的程度和效果;人力资源管理维度主要涉及与国际化相关的人力管理机制以及这些机制的实施程度和效果,如教师科研激励机制、教师访问交流机制、外籍教授专家聘请机制等;合同与服务维度包括学校之间的伙伴关系及网络联盟,海外教育项目,发展支持,对外服务计划等四方面。尽管该指标体系包括七方面的内容,但由于第一部分内容属于对本国高等教育体系、学校地位、现状以及国际化实施情况的背景描述,并没有列在评价指标体系中。

表2-4 国际化质量评估项目的评价指标体系

一级指标	二级指标
国际化政策与策略	政策、动因、实施策略等
国际化组织与支持结构	国际化机构或部门、规划与评价、技术支持、资金支持与资源分配、支持服务设施
学术项目与学生	课程、本国学生、国外学生、海外学习及学生交换项目
研究与学术合作	促进学术研究与合作的机会、项目、计划、协议或机制等
人力资源管理	与国际化相关的人事管理机制、项目等
合同与服务	伙伴关系及网络联盟、海外教育项目、发展支持、对外服务计划

2. 美国教育委员会的国际化测量工具

美国教育委员会于2001年和2003年进行了两次有关美国高等教育的全国调查,目的在于考察、了解高校的国际化情况,调查涉及的高校包括美国的社区大学(community university)、文理学院(liberal arts universities)、综合型大学(comprehensive university)以及研究型大学(research university)。ACE采用的测量指标包括清晰的承诺(articulated commitment)、学术提供(academic offerings)、组织结构、外部资金、学校对教师的投入、学校国际学生和本土学生项目六方面。

其中,清晰的承诺用来考察已有的书面声明或政策对国际化的支持程度,主要包括七项内容,如大学的使命陈述中是否有专门针对国际教育的内容;国际教育是否被列为当前战略规划中五个优先发展的内容之一;大学是否正式评估过今后5年内国际化的影响;大学是否在招生材料中强调国际化项目、活动和机会;大学在教师晋升和终身职位评审时,是否将国际化经历作为考核标准;大学是否有规定确保学生海外留学而不耽误毕业;大学提供的资助是否适用于其他机构的项目。学术提供包括是否有对学生入学或毕业的外语要求;学校是否开设本科生外语课程;学校是否要求学生选修与国际问题相关的通识课程;学校商学、历史、政治学等院系开设国际相关课程的比例;学校是否提供授予学分的留学、海外实习、服务、研究等项目;学校前一年的本科生留学人数。组织结构包括大学内专门从事国际化工作的委员会或员工;学校管理国际化活动的组织架构及其数量;该组织是否由非学生的专职工作人员构成;是否会通过学校内部邮件系统定期发送有关国际化活动和机会的信息;是否定期分发有关国际机会的简报;学校主页是否可以直接链接到有关国际项目的页面。外部资金主要包括学校是否为国际项目和活动积极主动地寻求资金;近一年内学校收到的用于国际项目和活动的资金来源。学校对教师的投入包括近一年来学校是否有专项基金用于全职教师参与国际化相关活动(如带领学生赴海外留学、海外任教、赴国外参加会议、进行研究和课程国际化),同时考察近三年内,学校是否提供一些国际化机会(如促进课程国际化,使用技术来促进课程的国际维度,促进外语技能,以及对国际化活动的奖励)。学校国际学生和本土学生项目主要从五方面来考察,包括学校用于招收国际学生的专门资金;招收国际学生的比例;资助学生参加国际会议、海外留学的专门资金;资助校园国际活动的专门资金以及提供的有关国际化的课外活动情况,如本国学生和外国学生的伙伴项目,语言伙伴项目,学生讨论国际事务的机会场所,校园内定期或连续的国际节日,以及通过开放国际学生公寓,建立室友项目等来促进本土学生和国际学生的融合。

  根据这些指标,美国教育委员会将美国大学的国际化程度分为积极和非积极两种类型。积极类型的国际化院校的共同特点包括通过学校的使命陈述、战略规划、国际教育办公室以及校内国际教育委员会清晰地陈述其国际化承诺;积极寻求国际化所需的外部资金;运用大学网站、校内邮件系统、简报等途径与教师及学生沟通有关国际化机会的事宜;为国内、外学生提供课外交流的机会;制定政策,将国际化的工作纳入教师晋升和终身职位考评范围;支持教师在国际化相关活动方面的发展,如开设国际化的课程和支持学生国际交流学习。

  2011年,美国教育委员会成立了国际化全球参与中心(CIGE),并制定了新的综合国际化模型(comprehensive internationalization)。该模型对之前的国际化指标体系进行了一些修改,包括明确表述的学校承诺,组织结构,课程、课外活动以及学习成果,教师政策与实践,学生流动及合作与伙伴关系等六方面,各维度的具体内容见表2-5。

表 2-5 美国教育委员会的综合国际化模型指标体系

一级指标	二级指标
明确表述的学校承诺	战略规划、国际化委员会、大学利益相关者的参与、国际化评价
组织结构	高层领导、国际化办公室
课程、课外活动及学习成果	通识教育要求、国际化课程、课外活动、学生学习产出、促进国际化的技术
教师政策与实践	终身职位与晋升政策、雇佣原则、教师流动、校内专业发展
学生流动	学分转换政策、资金支持与资助、迎新说明和入学指导项目、针对国际学生的持续支持项目
合作与伙伴关系	对合作进行规划、评估可行的学校、确定合作伙伴、持续的管理

3. Paige 的国际化行为评估指标体系

Paige 的国际化指标体系是在日本名古屋大学高等教育研究中心对日本大学国际化评估的基础上总结出来的。该评估指标由 10 个一级指标和 80 个二级指标构成。一级指标包括大学对国际化的领导、国际化战略规划、国际教育制度化、国际化的支持机构、国际化课程、国际学生和学者、海外学习、教师参与国际活动、大学生活/课外项目以及国际化过程监管。

大学对国际化的领导主要包括使命陈述、国际化的机会与宣传、国际化的预算、领导职位、晋升与终身职位评审以及学生招生；国际化战略规划维度包括规划中对国际化的目标、任务、投入、活动和时间表等内容的规定；国际教育制度化维度指大学中设立的有关国际化的委员会和问责机制；国际化的支持机构包括支持国际化的相关机构或办公室，如国际学生和学者办公室、留学办公室、国际交流项目、奖学金以及协议办公室；国际化课程包括国际专业设置、国际辅修专业设置、国际课程、外语要求、奖学金以及国际化的课程资源；国际学生和学者主要包括招收留学生、留学生支持机构与项目以及留学生融入校园生活的支持项目；海外学习维度包括支持学生赴海外进行学术交流或工作的项目，并有专门的部门帮助学生准备海外留学，学校同海外大学具有交流协议，并为学生提供资金、派出、入境等方面的支持；教师参与国际化活动包括学校对教师参加国际会议、参加海外研究项目提供资金和指导，学校针对教师的交流协议，学校为教师提供时间申请国际资助；大学生活/课外项目包括大学生活办公室、学生组织和校园项目；国际化过程监管维度包括考察是否具有国际化的评估程序、国际化评估指标、是否定期对国际化表现进行回顾等三个内容。

4. 大阪大学国际化指标体系

2003年以前,日本的大学几乎没有综合性的有关国际化的评价体系,仅有一些学校针对国际化的项目或单元进行评估。为了填补这一空缺,大阪大学结合美国和欧洲高等教育国际化的评价指标体系,针对日本大学高等教育国际化的目的和形式提出了自己的高等教育国际化指标体系(见表2-6)。该指标体系共包括8个一级指标和22个二级指标,内容涉及大学使命、目标和规划,结构和人员,预算与实施,研究的国际化,支持系统、信息提供以及基础设施,国际化联盟,课程国际化以及与国外机构的联合项目等。

表2-6 大阪大学国际化指标体系

一级指标	二级指标
大学使命、目标和规划	有关大学国际化的官方陈述
	负责国际化的行政体系
	建立中长期规划与战略目标
结构和人员	国际化政策决策制定体系与过程
	运行的组织结构
	国际化领域的专业发展与绩效考核
	高校问责制度
预算与实施	国际活动相关部门的预算制度
	预算与实施
研究的国际化	研究成果数量
	研究活动的发展情况
支持系统、信息提供、基础设施	对国际研究人员和学生的支持系统
	对国际研究人员和学生的日常支持
国际化联盟	大学联盟
	海外办事处
	与本地组织的联系
课程国际化	语言项目
	一般学术项目
	专业教育国际化
与国外机构的联合项目	教育交流项目
	对联合项目的评估
	学生参与国际项目考核(是否计学分等)

二、中国学者设计的大学国际化评价指标体系

我国也有不少学者结合国外大学国际化评价指标体系和国内大学具体情况,提出了我国大学国际化的评价指标体系。早期设计国际化指标体系时主要是根据研究文献与访谈,总结国际化的指标。近年来,有一些学者和机构开始采用量化研究的方法,通过大范围的调查,来构建我国不同类型大学国际化的评价指标体系。总体来看,国际化指标体系的构建仍然处于发展过程之中,目前还没有形成一个公认的国际化评价指标体系。

王璐等人通过专家访谈,总结了高等教育国际化七方面的内容,包括教育观念、师资队伍、学生构成、教学过程、办学条件和信息、办学和科研及其成果交流国际化。

李盛兵提出的大学国际化评价体系包括7个一级指标和19个二级指标。其中一级指标包括国际化观念与规划、大学国际化机构设置、学生结构国际化、教师结构国际化、课程国际化、科研国际化以及中外合作办学。该评价体系还列出了各个指标的权重以及各指标的主要观测点。

陈昌贵等人首次通过量化研究的方式提出了中国研究型大学国际化评估指标体系。该研究调查了中国26所研究型大学的国际化情况,并通过主成分因素分析法构建了中国研究型大学国际化评估指标体系,涉及的指标包括战略规划与组织机构、人员构成与交流、教学与科学研究、相关条件与设施和成果交流5个一级指标和18个二级指标,包括校级专职外事管理人员,设置外事人员的院系比例,有一年或一年以上出国经历的教师比例,在海外获得学位的教师比例,外籍教师,授衔专家,留学生,学生出国交流,校际国际合作协议,使用外文原版教材的课程比例,用外语授课的课程比例,国际合作科研项目,外文书刊,外文期刊,举办国际会议,出境参加会议人数,被三大索引收录的论文数,以及在国外发表的论文数。

西南交通大学于2013年首次发布了中国大学国际化水平评价指标体系,并运用该指标体系对中国大学国际化水平进行排名。2013年的大学国际化水平评价指标体系包括10个一级指标和33个二级指标。其中一级指标包括国际化的理念,学生国际交流,教师国际交流,教学国际化,中外合作办学,科研国际交流与合作,国际合作与交流管理,文化传播交流,校园国际化以及国际显示

度。2014年的指标体系合并了2013年指标体系中的同类项,并增加了国际化保障体系一级指标。修改后的国际化水平评价指标体系包括7个一级指标、16个二级指标以及44个三级指标。其中,一级指标包括学生国际化、教师国际化、教学国际化、科研国际交流与合作、文化传播交流、国际显示度以及国际化保障。学生国际化包括国际学生的比例、层次、来源国以及派出学生的人数、层次、地区等;教师国际化包括教师的构成,教师交流情况;教学国际化则包括课程的国际化和合作办学;科研国际交流与合作包括研究及成果的国际化情况;文化传播交流包括国外和国内文化传播机构;国际显示度则通过不同的国际化排名来考察;国际化保障包括国际化的理念、经费保障、机构人员保障以及校园国际化。

三、国内外高等教育国际化评价指标体系差异

通过对国内外不同国家高等教育国际化指标体系的梳理和比较,可以发现这些指标体系既存在着一定的相似之处,又各有特点。在高等教育国际化评价指标体系中,既包括可量化的实践维度,又包括抽象的理念维度。指标的差异主要表现在以下几方面。

1. 内容侧重不同

由于高校自身发展存在差异,因此不同大学的高等教育国际化指标内容的侧重也不相同,一些大学的指标体系中更强调国际化的活动,主要从人员流动、课程设置、交流合作等国际化活动的角度来考察大学的国际化,如美国教育委员会的国际化指标中就强调国际化的课程、课外活动、教师和学生流动、国际合作等国际化相关的活动;一些大学的国际化指标更强调政策和组织结构的作用,如经济合作与发展组织的国际化指标体系强调对国际化政策和组织支持结构以及人力资源管理方面的考察;Paige提出的国际化指标中更强调国际化的领导、制度化以及国际化的战略规划等有关大学的组织和治理的内容,也有一些指标注重考察国际化的成果,如国内学者陈昌贵和王璐提出的国际化指标体系中都将国际化的成果交流作为考察的内容。

2. 考察方式不同

尽管不同学者和机构设计的高等教育国际化评价指标体系都包含一些相似的内容,如对人员、教学、科研与合作国际化的评价,但不同指标体系对这些

方面的考察方式存在较大差别。一些指标体系强调国际化相关活动的数量,如国际学生数量、本国学生赴国外交流的数量、教师的国际构成比例、在国际期刊发表论文的数量等。另一些指标体系则更强调与这些国际化活动相关的政策支持、组织结构等。如美国教育委员会在2011年提出的综合国际化评价指标体系中对学生、教师以及课程的国际化评价并非仅仅强调这些方面内容的数量,而是从更深层次考察促进这些数量增长的相关政策、项目以及激励措施。

3.评价目的和对象不同

一些研究型大学制定的国际化评价指标体系更多的是为了评估本校国际化的实施情况,强调从组织层面和战略层面综合地评价学校的国际化发展状况。而一些国际化发展仍然处于初级阶段的学校,则强调从较易实施的活动层面去推进国际化,如人员的国际交流,国际化的课程、校园国际化活动等。此外,由于国内外评价指标体系针对的是不同国家高等教育体系下的高等教育国际化,因此从一定程度上反映了不同国家自身的特点。例如,中国学者设计的指标体系中都或多或少涉及了中外合作办学问题。由于中外合作办学是中国高等教育国际化发展过程中的一种独特形式,因此将中外合作办学作为国际化评价指标体系的内容,也是中国学者设计的高等教育国际化评价指标体系区别于国外学者或机构设计的高等教育国际化评价指标体系的一个具体方面。

第四节 高等教育国际化的理论模型

一、高等教育国际化策略理论

Knight和De Wit等人从"是什么"(what),"为什么"(why),以及"怎么做"(how)提出高等教育国际化的分析框架和思路。如果说高等教育国际化的定义规定了国际化是什么,那么国际化的动因则解释了为什么要这么做,而国际化的策略则是如何去做。De Wit将策略分为项目策略(program strategies)和组织策略(organizational strategies)(见表2-7)。项目策略最初被分为四类,包括研究相关活动、教育相关活动、技术支持和合作发展相关活动,以及课外活动与机构服务;之后Knight对此做了进一步完善,将其分为学术项目、研究与学术合作、外部关系与服务,以及课外活动四方面,其中学术项目是大学实施国际化的主要方式。组织策略包括治理、运行、服务与支持,以及人力资源四方面的内容。

表 2-7　Knight 提出的高等教育国际化策略

策略	维度	具体内容
项目策略	学术项目	学生交流项目、外语学习、国际化的课程、区域或主题研究、海外学习/工作、国际学生、教学过程、联合/双学位项目、跨文化培训、教职员工交流项目、访问课程与学者、学术项目与其他战略之间的联系
	研究与学术合作	区域和主题中心、联合研究计划、国际会议和论坛、发表的论文、国际研究协议、研究交流项目
	外部关系与服务	与非政府组织或部门之间基于学术共同体的伙伴关系、共同服务和跨文化计划、国际发展支持计划、跨境教育项目、国际联系、伙伴关系和网络、培训和研究项目与服务、海外校友项目
	课外活动	学生俱乐部和协会、国际和跨文化校园活动、与文化及民族团体的联系、同侪支持团体和项目
组织策略	治理	高层领导表达的承诺、教职员工的积极投入、对国际化理念和目标的表述以及大学使命陈述、规划及政策文件中对国际维度的承认
	运行	整合到学校范围内以及部门/学院层面的规划、预算以及质量评估体系,用于交流、联系以及协调的合适的组织机构系统,国际化的晋升以及管理方面,中心化和去中心化的平衡,足够的资金支持和资源分配体系
	服务与支持	学校范围内服务单位的支持,如学生住房、注册、资金筹集、校友、信息技术等,叙述支持机构的投入,如图书馆、教学课程发展、教师培训等,针对学生出访和来访的支持服务,如新生指导项目、咨询、跨文化培训、签证咨询等
	人力资源	国际专家的招收和选拔程序,为加强员工的贡献制定的奖励和晋升政策,教职员工专业发展活动,对国际委派和学术休假的支持

项目策略强调高校将国际化维度融入其主要功能过程中的学术活动和服务,而组织策略则是大学实施国际化活动的组织保障,通过制定政策和建立相应的行政体系而将国际化活动制度化。

二、国际化循环模型

Knight 在 1993 年的一项研究项目中调查了加拿大 89 所大学的校长以及

57所大学的高层管理人员,并根据调查结果总结出了高等教育国际化的定义、大学国际化的优先地位、学校实施国际化的动因,以及影响高校将国际化维度整合到学校教学、研究和服务中的组织因素。该研究指出,国际化是一个复杂的概念,可以从活动、能力、过程和组织文化四方面来加以考察。但 Knight 强调过程方法的重要性,以保证国际化的维度可以整合到大学的学术活动和行政管理程序中。

Knight 发现,高校管理人员对国际化的兴趣已经成为一个十分普遍的现实。在调查对象中,有82%的人认为国际化在他们所在的大学具有较高的优先级别,这些学校认为国际化对于实现自身的目标十分重要;有72%的人认为自己大学的使命陈述中包含有国际化的内容;有67%的人认为在学校的战略规划中对国际化有所陈述。这一调查结果说明,大学对国际化十分重视,通过国际化的活动,建立新的行政结构和新的项目,分配更多的资源以及制定国际化的政策和战略规划等措施来促进国际化的发展。但是被访者也表示,尽管很多大学已经十分重视国际化的发展,然而从整个大学层面以及教师层面来看,国际化还有待于进一步发展。而对于学校实施国际化的动因来说,95%的被访者认为实施国际化可以使学生和学者具有国际化的知识,也有一少部分高校认为实施国际化对国家的安全具有重要作用。Knight 认为,大学实施国际化的动因中最重要的是让学生和学者具有国际化的知识和跨文化交流能力以应对联系日益紧密的世界。根据大学的类型和层次不同,大学实施的国际化活动差异也较大,但是招收国际学生和开展学生交流项目是其中最为普遍的活动。而在影响国际化发展的组织因素中,最关键的是高层领导人、教职员工的投入和支持,充足的资金,学校的支持,以及学校内国际化办公室以及经验丰富的人事部门的设立。此外,政策、国际化沟通渠道、年度评审、公共关系以及与国际化相关的晋升政策也十分重要。

Knight 基于过程方法的国际化定义,通过对国际化内容、组织因素、国际化动因的总结,提出了国际化循环模型。该模型包括意识、承诺、规划、运行、评估和强化6个阶段(见图2-1)。

第一阶段是树立国际化的意识,承认国际化对学生和教职员工的重要性并能使其受益。通过政策分析以及访谈,Knight 发现,国际化已经被列入高等教育发展日程内,学校的领导层和高层管理人员都承认国际化的重要意义,并倡导对国际化的更多关注。尽管影响国际化的意识是实施国际化策略的第一步，但对于高校来说，应该对实施国际化的需要、目的、策略、有争议的问题、国际化带来的影响和益处进行讨论，而讨论的参与者应该包括国际化的支持者和反对者。总之，国际化应该涉及大学的各个部门及群体，而不是少数人所持有的观点，否则国际化便会成为少数人专门从事的活动而被边缘化。

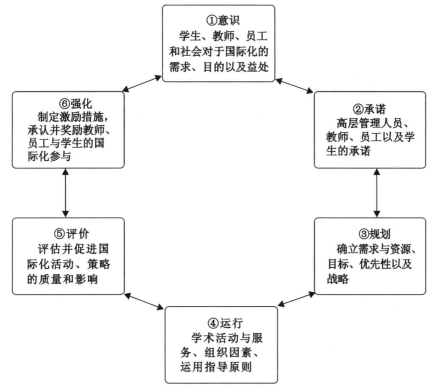

图 2-1　Knight 高等教育的国际化循环模型

第二阶段是国际化的承诺，即将国际化的维度整合到教学、研究和大学服务功能的过程中的承诺。其中大学高层领导的承诺被认为是最重要的部分，这些承诺必须是以具体的形式存在，如用于支持国际化优先发展的资金可以被看作是一种承诺的表现形式。Knight 的调查发现，国际化的发展在很大程度上依赖于学校高层领导的态度、承诺以及对国际化的承认和奖励。除此之外，教职员工和学生的支持也是国际化承诺的补充，有助于将这种承诺转变成为规划或策略。

第三阶段是为大学的国际化制定全面的规划或策略。教职员工的参与是制定和实施国际化规划的前提,清晰的国际化目标是制定国际化规划的第一步,同时还必须考虑实施国际化的动因、预期的目标、国际化的需要以及组织资源。国际化规划规定了发展的优先级别、发展方向与具体框架。此外,大学使命陈述对于国际化的规划十分重要。Knight 的研究表明,大部分成功实施国际化的大学在使命陈述中都包括了国际化的维度,大学必须将使命陈述中强调的国际化内容或维度通过具体的规划或策略的形式表现出来,变成可操作性的活动。Knight 认为,国际化的规划或策略属于国际化政策的一部分,以政策或规划的形式对学校各部门的国际化活动进行支持,对于学校推动国际化十分重要。

第四阶段是国际化的运行阶段,这个阶段反映了国际化政策和策略的具体实施过程。Knight 认为,国际化的运行阶段包括学术活动与服务、组织因素和指导原则。开展学术活动与服务是这个阶段的主要内容,学术活动与服务的内容和优先程度取决于学校的国际化目标、需要和资源等。Knight 发现,在学术活动与服务中,课程创新,针对教师、学生的双向交流项目,跨文化和外语培训,联合研究活动以及国际化发展计划是相对重要的活动。在实施国际化活动的同时,应当考虑组织因素。组织因素的优先程度也取决于国际化的目标以及发展阶段,同时国际化规划的实施也必须符合整个学校的目的、需要、资源及学校自身的特点。在这些组织因素中,资金被认为是促进国际化运作的一个方面,但是并不是绝对条件,很多大学在没有额外资金的情况下也能够成功实施国际化。相反,高层领导和管理人员的承诺与支持对于成功实施国际化十分关键。此外,建立国际化办公室是十分重要的组织因素,国际化办公室为国际化活动提供支持、联络和协调(见表2-8)。

第五阶段是国际化的评价阶段。这一阶段学校通过回顾和评价国际化的表现,不断提高国际化的质量,促进国际化的影响。Knight 考察了两种方式的国际化评价方式。一种是常规意义上的评估,即通过对国际化活动的实施情况进行监管与评价,对照国际化的目标来考察国际化活动实施的效果与质量。这种评估是国际化过程中一个十分重要的部分。另一种评价通常是学术部门或者行政单位根据国际化活动水平,来制定年度预算等活动。

最后一个阶段是巩固强化阶段,即承认教职员工的参与并进行奖励。对教师参与不同类型国际化工作进行认可和奖励是为了形成认可国际化的文化,通过建立具体的奖励和激励机制,鼓励教师在国际化进程中的持续投入。传统的激励机制和政策主要是与教师职称评定相关的政策,如参与国际化的活动能否对其晋升和职称评定有帮助。Knight指出,国际化的过程并不是线性的,而是循环的,有效的国际化激励和巩固措施能够增强学校领导、教师和学生的国际化的意识和投入,从而进一步促进国际化规划过程的发展,对现有政策进行完善和改进,促进国际化活动和服务的进一步发展。

表2-8 Knight高等教育的国际化要素框架

类型	具体内容
学术活动与服务	学生海外工作/研究/学习项目、课程改革、国际学生与学者、教职员工交流项目、国际发展计划、联合研究活动、国际机构联系、外语/区域/主题研究、伙伴关系、跨文化培训、课外活动与机构服务
组织因素	高层领导人的承诺与支持,多数教职员工的支持和参与,办公室负责咨询、协调和沟通,足够的资金,在学校政策框架下鼓励国际化活动的基层政策,对学生、教职员工的适当激励和奖励
指导原则	为了相互利益进行合作,促进和加强国际化的成果、需求和目标来定制相应的策略和整体规划,针对规划、政策、信息共享集中的支持系统有助于有效的实施国际化,创新的工作和方法

Knight的国际化循环模型对于研究高校层面的国际化十分重要。许多学者认为,高校发展和国际化规划的实施之间存在着脱节,而Knight的模型可以为理解高校制定、实施、监管国际化规划以及国际化如何从规划过渡到实施阶段提供一个有用的分析框架。但是,这种国际化循环模型也有一定的局限性,该模型认为大学国际化过程的六个阶段是按照一定顺序发展的,并且以国际化的意识为循环的起点。然而,许多学者认为,大学的国际化发展并不一定完全遵循该模型设定的路径。如美国教育委员会就认为,大学国际化过程实施的起点可以是评价,通过评估来考察大学投入到国际化方面的资源,根据评估结果制定大学国际化规划。因此国际化的循环过程,可以根据大学自身的目的和情况选择起点。同样,大学国际化的循环过程也不一定是单向的,可能是双向的,不同阶段之间可以相互影响。

在Knight的国际化循环模型的基础上,澳大利亚学者Manning通过问卷、访谈与国际化文件的分析,对澳大利亚的大学国际化进行了研究,在此基础上对Knight的模型进行了改进,即在原有模型的基础上增加了两个要素,包括国际化的组织结构(organizational structure)和反馈(feedback)。组织结构要素主要探讨不同教师对于中心化(centralized)和分散化(decentralized)的国际化的实施方式之间的争论,以及如何协调二者的关系。反馈要素主要作为各元素和阶段的纽带,可以是来自于循环的内部,也可以是来自于外部。对于该循环,Manning提出了几种不同的发展国际化的路线,其中一种是基于大学中心化的国际化战略,即根据学校制定的政策和策略来实施国际化。这种情况下,大学存在有关国际化使命陈述,或者大学的各个部门选择与国际化活动相关的策略。另外的一种路线是大学分散化的国际化的使命陈述,即各个部门自己制定与国际化相关的使命陈述和活动。

三、弱国际化与强国际化

Knight的循环模型从过程的视角分析了大学国际化的不同阶段,以及这些阶段之间的联系,为大学分析和发展国际化提供了一种参考模式,但是该模型也存在着一定的问题。Joanna认为,Knight的国际化循环模型的一个最大问题在于忽略了国际化过程的"社会"方面和国际化过程中参与者的感知。国际化过程以及国际化战略的制定是参与者之间一系列互动和交流的过程,而在该模型中,这种动态的理解过程并不存在。Trowler也提出"参与者特别是他们的感知在政策过程中的作用十分重要,他们反对、协商、重构政策和话语的能力被编码"。在国际化过程中,如果不关注参与者个体的感知,就会导致大学层面国际化政策与实践的分离。Knight的国际化循环模型忽略了个体和社会的维度,从而使国际化政策与实践出现脱节。

Appadurai提出了弱国际化(weak internationalization)和强国际化(strong internationalization)概念。他认为,国际化并不只是对全球力量的应对和调整,而是应更关注个体层面的关系,即一种自下而上的主动的、深层次的投入。弱国际化是全球化力量驱使和推动的结果,大学为了应对全球化力量而去实现一定的目标;而强国际化是大学与全球力量长期的积极、主动的互动。可以看出,弱国际化是对外部因素和力量的反应,强调在外部作用下,国际化活动数量的增加,这种"量化"的方式,是追逐利益和声誉的市场话语和价值的结果,在这种观点指导下的大学的国际化战略自然也是以注重学生招收的数量、增加学校的收入为目的。实际上这种通过增加数量而进行的国际化的改变是短期的,因为外在因素本身也在发生改变,当这些外在因素消失,这种以数量和收入为目的的国际化也并不能维持。而强国际化则更加注重的是文化的融合,对国际化及其目的的深层次理解与认识,同时应通过创造性的投入来创造更多的思考空间。

与 Appadurai 的弱国际化和强国际化概念相似,Turner 和 Robson 运用 Bartell 的从"象征"(symbolic)到"转变"(transformative)连续体的理论分析了大学的国际化。在该模型中,象征型国际化与弱国际化相对应,是对外部因素的反应,国际化战略管理中更关心市场与学生招生,国际化的外部参与是一种竞争的关系,参与的模式倾向于服从,国际化活动的维持主要依靠强调数量的短期行为和活动;转变型国际化则更关注对国际化问题长期的投入,国际化的合作伙伴关系的建立以及知识共享,其国际化的推动力量来自学校内部,国际化的参与更注重合作,参与的模式倾向于教师的主动参与和投入。

第五节　高等教育国际化的影响因素分析

高等教育国际化的理论模型中不同程度地涉及了高等教育国际化影响因素的内容,如 Knight 在高等教育国际化循环模型中提出组织因素是影响高等教育国际化运行和实施的重要内容。同时,校领导、教师以及学生的国际化意识与承诺对于高等教育国际化规划的制定也十分重要。Knight 和 De Wit 在讨论高等教育国际化策略理论时也提出组织策略是保障高等教育国际化顺利实施的组织因素。除了理论模型外,国内外的许多学者对高等教育国际化的影响因素进行了深入、详细的分析,这些因素可以分为宏观和微观两个层面。

一、宏观层面的因素

全球化被认为是 20 世纪以来影响社会各个方面发展的重要因素之一,全球化带来的世界范围内的经济、技术、知识和人员等流动,同样也对各国的高等教育国际化产生了重要的影响。一些学者认为,高等教育国际化是全球化作用于高等教育的必然结果。因此,全球化既可以作为分析高等教育国际化的背景,又可以作为影响高等教育国际化产生和发展的重要因素。

全球化对高等教育国际化的影响主要表现在以下五方面:

第一,知识社会的发展使各国越来越重视知识的生产和运用,新的教育提供者不断涌现,并且在全球范围内提供多样化的教育和培训项目,促进了人员、学术、研究、项目等在全球范围内的流动。

第二,信息和通信技术的发展使新的教育形式不断涌现,如网络课程、特许学校(franchises)和海外分校(branch campus,satellite campus)的出现等。

第三,市场经济的发展要求高等教育培养更多能够适应全球化经济发展需要的人才,因此,大学的课程、教学内容等也应做出相应的调整,通过将国际化的维度融入到教学过程中,以培养具有国际视野、国际化能力的人才。

第四,国际和区域范围内的贸易协定促进了贸易自由化,减少了各国贸易的壁垒,与贸易相关的教育项目不断增多,同时教育作为国际服务贸易的一部分也越来越多地走出国门,促进了国际教育项目的发展。

第五,新的国际或区域治理结构体系的创新使国家和地区更多的地从国际或区域框架下考虑本国的政策与实践,因此全球化也影响了高等教育国际化的政策。

Altbach认为,在全球化经济和学术体系下,高等教育在适应新环境方面处于有利的地位,许多因素都促进了国际化的发展。这些因素包括世界范围内共同的学术模式;不断扩大的针对学生和教师的全球学术市场;英语在国际研究和教学中的应用;远程教育以及网络运用于教学研究;不同国家学术机构的合作;离岸大学、大学的海外分校或海外特许教育项目的创立;学位结构、课程、学分以及相关评估机制的一体化等。同时,Altbach也提出了一系列阻碍高等教育国际化发展的因素,包括缺乏资金,直接服务于地方的需要,如招收本地学生,许多学术专业人员和一些从事大学治理人员的保守主义,对国际化可能导致丧失本土学术传统的畏惧等。此外,高等教育国际化固有的问题,如国际项目的评估以及发达国家占有大部分国际交流项目等也是阻碍一些欠发达国家高等教育国际化发展的原因。

二、微观层面的因素

当前国内外有关高等教育国际化的概念、内涵以及评价指标体系的研究很多,但有关高等教育国际化影响因素的研究并不多,已有的研究也较为零散,有的是针对国际化规划过程提出的,有的是针对国际化实施过程提出的。这里将从大学层面对高等教育国际化的影响因素进行归纳和总结。

Knight 认为,许多因素会影响大学国际化的理念,这些因素包括大学的使命、学生人数、教师的情况、学校的地理位置、资金来源、资源水平以及对国际化的兴趣等。尽管这些因素并不是直接影响大学国际化的因素,但可以通过影响大学国际化的理念,进而影响大学国际化的发展。

Youssef 通过对大学领导者的访谈发现,领导者对高等教育国际化的理解和认识会影响国际化策略的制定和实施,管理者自身的职位不同,对高等教育国际化内涵的认识和理解不同,因此在制定高等教育国际化策略时所考虑的有利和不利因素也不同,从而影响国际化策略的制定。

Marginson 通过对不同大学高层管理者的访谈也发现,大学的领导者和管理者对全球化的认知和考虑,以及政府机构对院校的政策行为会影响大学国际化策略的制定和实施。Postinglione 等人认为,教师作为学术活动主体,对国际化活动的参与程度也同样影响大学国际化的发展。

一些学者在研究北美洲的大学国际化发展时,总结了影响北美洲大学国际化发展的因素(见表2-9)。如 Isabel 在调查哥伦比亚共和国大学国际化发展状况之后发现,一些因素限制着大学国际化的发展,包括缺乏对第二语言的要求、缺乏足够的资金、缺乏规划、不灵活的课程、严格的移民政策、立法僵化或缺失、信息匮乏以及大学缺乏对国外获取学位的承认等。而学校学术权威以及学术共同体的投入增加,学校组织机构逐步完善,以及新技术的采用等则会推动学校的国际化不断发展。Jocelyn 在研究了墨西哥大学国际化的基础上指出,相关法律和行政程序的僵化是阻碍大学国际化发展的一个重要因素,由于教育体系缺乏灵活性,学校在吸引国外学生、承认在国外机构所做的研究、从国外聘请教授以及获得额外资助等方面都十分困难。同时,低质量的合作项目、教师素质问题、陈旧的设施以及学术设施,如图书馆、实验室的缺乏等,都会限制大学国际化的发展。

表 2-9 高等教育国际化的促进和阻碍因素

研究学者	促进因素	阻碍因素
Isabel	完善的组织机构、新技术的采用、学校学术部门的投入	缺乏对外语的要求、缺乏资金、缺乏国际化的规划、课程设置僵化、移民政策严格、信息匮乏、学历和学位认证的限制
Jocelyn		法律和政策程序的僵化、教师素质的低下、设施陈旧
Childress	领导的支持、专设的国际化组织机构、对教师国际化参与的促进、研究部门/机构的支持、清晰的预算	分散的组织结构、缺乏领导的支持、参与者的时间投入不足、国际化领导职位的空缺、资金的缺乏、师生缺乏对国际化的理解、教师对工作自主性和独立性的期望、大学缺乏对危机的预见、缺乏清晰的监管过程与期望
Rudzki	教师的赞成和支持、领导和管理者的支持、教职员工具有国际背景和经历、基本的外语水平、充足的资金、学校提供的机会与信息、良好的合作伙伴	资金的缺乏、教师时间缺乏、学生语言能力的欠缺、员工的消极态度
Carter	教师的支持	
Hudzik	国际化的投入、国际化的校园文化、领导的支持、教师和学术团体的积极参与、清晰和可量化的目标、灵活的政策	
Schoorman	国际化的投入、领导的支持、资金和人力资源的可获得性	
Van der Wende	有效的领导、综合的战略规划、使命陈述和目标等与国际化的联系、对国际化的系统评估	

一些学者认为，国际化规划是高等教育国际化的重要内容，完整和有效的国际化规划对于促进大学国际化发展十分重要。Childress 从国际化规划的制定、实施和监管三方面分别总结了促进和阻碍国际化的因素。她认为在国际化规划制定过程中，机构领导的支持（包括资金和态度）对国际化规划的制定具有促进作用，同时设立专门的国际化组织结构也有利于促进国际化规划的制定。而分散的组织结构，机构的领导或规划制定的参与者缺乏时间，领导对国际化及其规划支持的缺乏，负责国际化的领导职位的空缺以及资金的缺乏都是影响

国际化规划制定的因素。在国际化规划实施的过程中,通过多种方式促进教师对国际化活动的参与是促进国际化规划实施的一个重要因素。阻碍国际化规划实施的因素包括资金的缺乏,教师和学生缺乏对国际化的理解,教师对工作自主性和独立性的期望,缺乏自上而下的实质性支持以及大学缺乏对危机的预见性等。从国际化规划的监管过程来看,大学内部研究机构对国际化的支持能够促进对国际化规划的监管,这是因为研究机构在国际化的评估中往往担任培训或提供专业指导的角色。此外,将监管职责分配给具体部门而不是机构中心控制同样也是促进国际化规划监管的因素。同时,对国际化有清晰的预算对国际化规划的监管过程也具有促进作用,这是因为各部门的预算往往与国际化的目标紧密相连,在申请国际化预算的过程中就要求部门清晰地呈现其国际化的预期目标。研究也表明,缺乏清晰的监管过程和监管期望是阻碍国际化规划监管的因素。

Rudzki 也提出了促进和阻碍大学国际化发展的一些关键因素。他认为,教职员工的赞成和支持,高层管理人员的积极支持,员工的国际背景、熟练的外语水平、海外教学经历,能够获得额外的资金,具有良好的合作伙伴,员工国际化发展机会,以及信息的获得等都是促进大学国际化发展的原因;而缺乏资金,缺乏对教师学术时间的优化,学生语言能力的欠缺,以及员工的消极态度都是阻碍大学国际化发展的因素。

Carter 在调查华盛顿大学国际化的情况后提出,教师的支持是促进大学国际化的一个重要因素。Hudzik 认为,成功发展和实施综合国际化需要一系列的先决条件,其中支持大学国际化投入和国际化的校园文化是成功的关键要素。除此之外,来自领导层面的支持,教师和学术团体在国际化方面的参与,大学的长期坚持,政策的不断调整以及清晰可量化的目标等,都是成功实施综合国际化的因素。Schoorman 认为,影响成功实施国际化的关键因素包括对国际化的投入、组织领导、对资源如人力资源和资金的可获得性等。Van der Wende 认为,在制定国际化战略时,除了有效的领导外,国际化战略与大学使命及目标的紧密联系,制定综合的国际化战略,以及对国际化的系统评估都是影响国际化发展的因素。

Henson 认为,一些因素影响高等教育国际化的实施过程,如资源(包括教职员工、资金、激励),项目活动,领导与管理(包括战略规划、政策、国际化的承诺、资源的分配),组织(包括国际化的结构、联系、内部文化),以及外部环境(包括全球意识、利益相关者的需求、收益)。美国教育委员会在 2002 年的一项报告中指出,一些因素对于成功实施国际化十分关键,这些因素包括完整、综合的方法,领导层的支持,员工的普遍投入,对学生需求的满足,国际化的意识以及国际化的支持机构和资源。Keller 提出了大学战略管理模式,该模式也被一些学者用于分析高等教育国际化的影响因素。根据模型的内容,国际化战略的制定需要考虑外部和内部两方面的因素。其中内部因素包括大学的传统、价值观和抱负,学校学术和财政方面的优势与劣势,领导的能力和工作重点。外部因素包括大学所处环境中的挑战和机遇;市场取向、认识和趋势以及竞争形式。

国内的学者也从不同角度探讨了高等教育国际化的影响因素(见表 2-10)。胡亦武等人通过对国内大学的调查分析,提出学术交流、学校的教学水平以及学校对学生国际化的需求是决定中国重点大学国际化的主要因素。一些学者认为,国际化的目标定位、教育内容和教育方式的选择以及国际化评价体系的建立都是影响我国高等教育国际化的因素。付红等人从组织和过程视角构建了高等教育国际化影响因素的理论模型。该模型从理念、国际化保障和大学操作层面分析了影响高等教育国际化的因素。其中理念层面主要包括政府、教育部门以及大学管理人员和师生的国际化理念水平;国际化的保障包括外部保障和内部保障两方面,从资金、组织制度、师资力量和基础设施四方面考察。大学操作层面主要考察教学与课程的设置、师资投入、国际交流项目以及国际科研合作四方面。

表 2-10　影响高等教育国际化的因素

影响因素	具体内容
领导的支持	大学领导和管理层的支持
资源的获得	①是否有充足的资金来源 ②是否能获得国际化的机会与信息 ③是否有良好的合作伙伴
教师的参与和态度	①教师是否有海外经历 ②教师对国际化是否支持 ③教师是否有充足的时间投入 ④教师对国际化的理解和认识
语言能力	①学生的语言水平 ②教师的外语水平

影响高等教育国际化的因素十分复杂,这些因素中一些是来自大学外部的宏观层面的因素,另一些是大学自身的微观层面的因素。表2-9整理了大学层面高等教育国际化的促进和阻碍因素。

　　通过对国内外高等教育国际化影响因素的研究可以发现,高等教育国际化促进因素和阻碍因素主要涉及领导的支持情况、资源的获得、教师的参与和态度、语言能力四方面,尽管一些学者认为国际化的政策和组织机构以及支持系统也是影响高等教育国际化的因素,但许多研究将政策和组织机构作为高等教育国际化内涵和要素进行考察。表2-10列出了影响高等教育国际化的四方面及其具体内容。

第三章 国内外高等教育国际化政策比较

无论高等教育国际化采用自上而下的模式还是自下而上的模式,国家政策对于高等教育国际化的发展都具有重要的影响。无论是西方发达国家还是发展中国家,出于政治、经济以及文化等方面的考虑,都采取了各种措施来推动高等教育国际化的发展。本章总结了部分发达国家的高等教育国际化政策发展历程及特点,并比较了国内外高等教育国际化政策之间的差异。

第一节 发达国家高等教育国际化政策

一、欧盟高等教育国际化政策

欧洲的高等教育国际化有较长的历史,中世纪的法国巴黎大学和意大利的博洛尼亚大学被认为是最早实施国际化的大学。欧盟的高等教育国际化在20世纪中叶开始出现,80年代后,在世界高等教育国际化的大趋势的推动下,欧洲各国的高等教育国际化得到了迅速的发展,并且随着欧洲共同体的发展,欧盟也制定了一系列的政策促进各成员国的高等教育国际化发展。

(一)欧盟高等教育国际化政策发展历程

二战后,欧洲高等教育国际化的政策开始逐渐发展起来,这些政策最初大多围绕大学文凭与学历互认而展开。早在1953年12月11日,欧洲若干国家就签署了《欧洲大学入学文凭等值公约》。该公约规定,为了能够进入签约国或签约国控制范围的大学,各签约国承认这些国家颁发的文凭在其他签约国等值,而这些等值的文凭则是进入其他成员国类似学校的必要资质。1954年12月19日,欧洲理事会签订了《欧洲文化公约》,促进了各国在语言、历史、文化等方面的交流和研究,并在一定程度上促进了欧洲理事会各成员国高等教育国际化的发展。1956年签订的《欧洲大学学历等值公约》(*European university degree equivalent of the Convention*),为促进不同国家的人才在欧洲范围内的流动奠定了基础。1959年签订的《欧洲大学学术资格相互承认的公约》,是最早的在欧洲范围内互认学历的条约,开启了欧洲大学之间学术交流和合作的历程。此外,除了直接针对高等教育领域的政策之外,欧洲出台的经济和贸易相关的政策与条约也间接地促进了高等教育国际化的发展。例如,1957年签订的《欧洲经济共同体条约》(《罗马条约》)规定:"在各成员国之间,废除阻止人员、劳务和资本自由流动的各种障碍。"在一定程度上促进了各国之间人员的流动。

1976年2月9日颁布的《欧共体理事会、各国教育部长1976年决议》通过了《教育行动方案》(*Action Programme in the Field of Education*)。该行动方案规定,为成员国或非成员国的公民提供更好的教育和培训设施,通过与源语言国家的合作提供更多教授这些语言的机会,为家庭提供更多的有关培训和教育机会的信息,强调教育政策相关人员的访问和研究。为了促进教师、学生及研究人员的自由流动,采取了一系列措施,包括语言的培训、政府层面的交流、教育机构之间的合作及资金的资助等。

1976年,欧共体正式设立了《联合学习计划》(JSP),其目的是通过院校之间达成的协议,促进学生的交流。同时,为了加强欧共体各成员国之间在教育政策方面的相互理解与沟通,欧共体教育部长理事会决定建立共同教育信息网络,构筑教育交流的基础。

20世纪80年代,在欧洲共同市场建设的逐渐深化以及向单一市场迈进的大背景下,欧洲高等教育的一体化也得到深入发展。1983年6月,欧共体10个成员国首脑在德国斯图加特欧签署了《欧洲联盟神圣宣言》(*Solemn Declaration on European Union*),特别强调了文化合作问题,以及高等教育的合作与交流。

1986年2月17日,欧共体通过的《单一欧洲法令》(*Single European Act*)规定,在1992年以前实现商品、资本、人员、服务自由流动,建立内部统一大市场,在此之后开始实施经济货币联盟计划。该法令对欧洲高等教育一体化产生了重大影响,它不仅标志着欧共体在经济一体化上进入了一个新的阶段,也意味着欧共体开始关注社会事务。对高等教育来说,其重要意义在于《单一欧洲法令》赋予了高等学校学生交流的合法性。

我国研究型大学国际化政策与现实

1987年7月欧共体委员会发起了《伊拉斯谟计划》(ERASMUS),该计划是欧共体委员会在高等教育领域的合作交流项目,也被称为《欧洲大学生社会流动行动计划》(European Action for the Social Mobility of University Students),并在1995年并入《苏格拉底计划》,于2007年成为欧盟终身学习计划的重要组成部分。

以往的欧洲法令尽管规定了促进货物、资本、人员及服务的流动,但是这些法令很少对教育问题进行规定。1976年的《联合学习计划》可以说是开启了欧共体第一个教育行动计划,以支持高校之间的合作,为学生流动创造条件。在总结《联合学习计划》经验的基础上,依据罗马条约第128条,欧共体委员会发起了《伊拉斯谟计划》。该计划极大地促进了学生的流动,使不同国家高校和部门之间的流动也更为频繁。

1986年欧共体通过了《可米特计划》(Comett Programme)(《欧共体教育、教学与培训计划》)。该计划是为了顺应社会、经济、技术等发展对于高质量人才的需求而发起的,是大学和企业之间关于技术培训的合作计划,其目标是将大学和企业之间的合作与新技术的创新、发展和运用有关的培训领域扩展到欧洲维度。同时,资助联合开发培训项目,促进人员交流,最大限度利用相关的培训资源;在更多的地方、区域和国家层面提供培训机会;拓展培训范围以满足技术和社会需求。

1989年7月,欧共体理事会批准了另一项教育行动计划《林瓜语言计划》。该计划的目的是促进欧盟国家语言教育,并于1995年并入《苏格拉底计划》,成为其中的一部分。该计划的制定者认为,不断增加的语言知识对人们感知文化和语言多样性,从而加强相互之间的理解和互动十分重要,同时也为促进自由流动,开发单一欧洲市场的潜能起到关键的作用。它同样也是建立开放的欧洲,促进教育合作的一个重要推动力量。

1990年5月欧共体推出了《泰姆普斯计划》(TEMPUS Programme),也叫大学研究跨欧洲流动计划,鼓励欧盟成员国通过建立"团体",参与框架合作。该计划从1990年开始实施,并进行了4次扩展。2007—2013年是该计划的第四期。计划的目的是重构并发展课程和教学材料,更新教学设施,改善大学行政管理,强化高等教育的管理和质量保障。该计划资助欧盟及伙伴国家高校之间的合作项目,主体是围绕欧盟高等教育国际化的要素制定的,主要从课程改革、治理改革和培训项目三方面展开。课程改革包括合作国提出的优先学科的课程现代化,并使用欧洲学分转换系统及学位认证系统。治理改革包括大学管理和学生服务的改革,引进质量保障机制以及问责机制,促使高等教育的平等和透明化,并发展国际关系。此外,该计划还规定,在大学之外培训教师,强调发展与企业的伙伴关系,在全社会范围内发展终身学习,并为公共服务(部门、地方权威机构)提供培训课程。

1991年欧共体委员会发表了《欧共体高等教育备忘录》,提出了欧洲高等教育改革的具体建议,包括扩大入学规模,增加课程的灵活性和多样性,实现文凭互认,增强大学和企业之间的联系,使高校的科研成果迅速得到转化。该备忘录对欧洲高等教育一体化有较大的推动作用。1993年9月欧共体委员会发表的《教育的欧洲维度绿皮书》,提出欧洲维度教育的总体目标是保证每个人的教育机会均等,增强年轻人的责任感,使年轻人在工作生活以及个人发展方面都充分发挥其潜能。1995年欧盟理事会和欧洲议会推出了《苏格拉底计划》(SOCRATES Programme),其目的在于强化各层次教育的欧洲维度,提高对欧洲语言的了解,通过教育促进合作及人员的流动,鼓励教育改革创新,促进教育机会均等。1998年法、英、德、意的教育部长在巴黎参加了"面向欧洲大学"研讨会,并发表了《索邦宣言》(Sorbonne Joint Declaration)。该宣言指出,欧洲的一体化进程并不仅仅是经济的一体化,必须是知识的一体化,必须加强建设智力、文化、社会和技术的欧洲维度。1999年6月19日,29位欧洲国家负责高等教育的部长齐聚意大利博洛尼亚,通过了《博洛尼亚宣言》,提出了增强欧洲高等教育国际竞争力的目标,并通过实施包括学分、学位系统,两段式的教育体系促进人员流动,建立课程开发,学校合作,流动计划,联合学习、培训及研究项目等,旨在通过这些具体的行动,推动2010年建立欧洲高等教育区目标的实现。该宣言还规定,每两年进行一次双年度会议,对有关计划进行及时的反馈和调整。在《索邦宣言》签署三年及《博洛尼亚宣言》签署两年后,欧洲高等教育部长代表在2001年齐聚布拉格签署并发布了《布拉格公告》,共同回顾已取得的进展,为未来的发展进程制定方向。该公告肯定了博洛尼亚宣言实施以来,以建立欧洲高等教育区为目的,开展的一系列人员流动和学位结构改革的相关活动及取得的成就,同时在《博洛尼亚宣言》提出的六点目标的基础上采取了进一步的行动。其中包括采用一个可读并且可比较的高等教育系统,采用两阶段的教育系统,建立学分体系,促进人员的交流,在欧洲范围内促进质量保障方面的合作,促进高等教育的欧洲维度。此外,各国教育部长还强调终身学习,加强学生和院校的作用以及增加欧洲高等教育区的吸引力。在《博洛尼亚宣言》之后,各国教育部长2003年在柏林召开了第二次双年度会议并发表了《柏林公报》,在总结《博洛尼亚宣言》《布拉格公报》取得的成绩的基础上,进一步强调保证高等教育质量,加强基于两阶段的教育体系,并加强学位认证系统,建立可读且可比较的教育系统,同时强调高等教育的欧洲维度等内容。此外,各国部长通过讨论提出将两阶段教育体系中的研究生阶段细分为硕士阶段和博士阶段的三段式高等教育体系。2005年各国教育部长在伯根召开了第三次双年度会议并通过了《伯根宣言》,提出要加强高等教育质量保障体系,并且各国要实施国家质量体系框架,颁发联合学历和学位,其中包括博士层面的联合学位,同时提出建立横向打通的高等教育体系,创造并建立通往高等教育的灵活通道。此外,该宣言还强调高校和其他研究机构之间的合作与创新,强调博士阶段的教育认证对于促进欧洲高等教育区建设的重要作用,指出促进成员国之间学生和教师等人员的流动是博洛尼亚进程的重要目标之一,因此各国应通过提供资金、建立联合项目、承认学历和学位等方式减少人员流动的障碍。同时,还提出了加强与欧盟成员国以外的国家之间的合作和交流,以增强欧洲高等教育的吸引力。

各国通过参与这些双年度会议共同协商,总结博洛尼亚进程的成就和问题,对博洛尼亚进程的细节进行补充、调整、完善,促进了欧洲高等教育国际化的发展。建立欧洲高等教育区的目标促进了人员的流动,加强了欧盟成员国之间的协作,并建立了统一的教育体系、学分体系和认证体系,这些举措都增加了欧盟国家之间的交流,促进了文化、教育等方面的相互理解,增强了整个欧洲高等教育的竞争力和吸引力,促进了与欧盟之外各国的联系与合作。

(二)欧盟高等教育国际化政策特点分析

1. 由欧洲维度转向国际维度的高等教育国际化

很多学者在讨论高等教育国际化的同时都提出了这样的问题,即欧洲高等教育国际化到底是欧洲化还是国际化。挪威学者提出欧洲政府有意识地通过促进欧洲贸易发展来促进欧洲高等教育项目的交流,这一系列活动都是发展高等教育欧洲维度的重要手段,是欧洲化的过程,而欧洲化过程与全球化和国际化过程并不相同。实际上,从欧盟高等教育国际化的政策内容来看,早期政策中提及的更多的是欧洲化而非国际化的内容,各项法律及条约无论从经济、政策还是从文化、教育等方面都是围绕着欧洲维度展开的。但随着全球化的发展,欧盟的高等教育为了增强竞争力,增加欧洲高等教育的吸引力,也逐渐向国际化的维度转变,或者可以看作是以国际化为目的而进行的欧洲范围之内的更广泛的交流与合作。有学者认为,国际化的潮流冲击着高等教育领域,引起高等教育领域的重大变革。将国际化的维度融入高等教育的教学、研究、服务功能之中,使高等教育更好地应对由全球化所引起的一系列社会、经济和就业市场的变化,是今后欧盟高等教育应有的走向。

2. 通过语言教育促进高等教育国际化发展

欧盟高等教育国际化政策中十分强调语言的教育,几乎每一项与国际化有关的政策中都对语言的教育和发展进行了规定,同时专门设立的一些语言项目也作为促进高等教育国际化的手段在政策中占有很重要的地位。由此可见,欧盟的高等教育国际化政策十分强调语言及其相关内容的学习。由于欧盟各国的语言并不一样,因此促进语言学习,去除高等教育进一步交流与合作的语言障碍,是实现高等教育国际化的一个重要内容。此外,由于欧盟在建立之初的目的就是为了实现共同利益,各国之间更强调欧盟范围内的发展,而各国之间的语言差异是阻碍交流的因素之一,所以加强语言学习既是欧盟高等教育国际化的内容,又是促进欧盟高等教育国际化发展的因素。

3. 通过建立欧洲教育系统网络促进高等教育国际化发展

无论是强调欧洲维度还是国际维度,欧盟的高等教育都是通过建立欧洲系统网络来促进国际化的发展。首先,通过学历、学位的相互承认,促进各国家之间的人员流动是欧盟长期以来采取的国际化措施。其次,通过建立教育和信息网络、制定合作框架等来促进高等教育国际化的发展。欧盟主要通过在各成员国之间设立共同的目标,提高对共同命运和愿景的意识,建立共同的行动计划来促进高等教育国际化发展。各成员国之间通过建立共同委员会,加强欧洲教育系统的进一步联系,促进成员国各教育系统的相互理解,确保政策、经验及观点的可比性。各国负责教育的领导人也定期对其他国家及高校进行访问,定期召开会议。除了专门针对高等教育合作交流的行动和措施外,欧盟还通过加强对外政策,促进经济、货币、文化等发展来促进国际化的发展。

二、美国高等教育国际化政策

1. 美国高等教育国际化政策发展的历史沿革

1946年,美国颁布了《富布赖特法案》(Fulbright Act)。该法案是二战后《剩余资产法案》(Surplus Property Act,1944)的修正案,由参议员威廉·富布赖特提出。该法案主张将二战后美国政府在海外的剩余物就地变卖,并用来资助美国与当地的交流计划。该法案授权实施富布赖特项目,旨在为学生、教授及专业人员在全世界范围内的交流合作提供资助,包括派出学生赴国外学习,接收国外留学生,派出学者进行研究深造,派出教授赴国外任教、翻译文学作品、资助科研及学术成果的翻译和出版。

1958年8月,美国制定了《国防教育法》(National Defense Education Act)。该法案旨在对全民进行国防教育,培养美国青少年的爱国主义精神,使其掌握必备的军事技术,从而有助于加强国防建设。虽然该法案是为了加强国防建设而制定的,但其中不少措施则促进了高等教育国际化的发展。该法案规定为保障国家安全,实施科学、数学和现代外国语的教育,其中第六条具体规定了发展语言计划的内容。同时,该法案规定,对美国高校设立的现代外国语教学中心进行资助以发展外国语言教育,培养联邦政府、工商业和教育事业上迫切需要的外国语人才。据此,美国联邦总署提出了七种最迫切需要的外国语,包括阿拉伯语、汉语、印地乌尔都语、日语、葡萄牙语、俄语和西班牙语。

1966年10月29日,美国国会通过了《国际教育法》(The International Act,1966)。时任美国总统约翰逊对内实行"伟大社会"计划,对外积极参与国际事务,并将国际教育作为其对外政策的一个重要组成部分,作为向世界宣传和推广美国民主主义政治经济制度与意识形态的工具而给予高度重视。《国际教育法》的主要内容包括为本科生和国际研究人员提供资助,由健康、教育、福利相关的部门负责对相关研究进行的资助。具体的活动包括资助高校建立高级研究中心,并使之成为国际研究以及对国际相关专业进行研究和培训的资源中心;把国际教学计划从研究生阶段拓展到本科阶段;对高校拨款用于制定、开发、实施、加强和改善本科国际研究教学工作的"综合计划",开展教学、研究、课程开发及相关活动,扩充外语课程;制定、监督学生的"工作—学习—旅行"计划,本国教师及学者的参观访问;外国教师、学者、学生的外语培训。

1991年,美国通过的《国家安全教育法案》(National Security Act)授权开展"国家安全教育项目",资助美国的本科生和研究生以及美国的高校开展国际教育和外语学习。"国家安全项目"强调联邦政府机构、国家中等后教育机构应为个人提供更多学习外国语言文化知识的机会,特别是有关国家安全且尚未受到关注和研究的方面。该法案以国家安全为出发点,对与国家安全相关的语言、文化、国际教育等方面开展大力资助,通过对高校提供奖学金、学习机会、就业和实习机会来促进该项目的发展。

1994年3月,美国第103次国会会议通过了《2000年目标:美国教育法案》(Goals 2000: Educate America Act)。该法案建立了一套框架,支持一流学术标准,测评学生的进步,为满足标准的学生提供支持,以保障所有学生充分发挥潜能。同时,该法案第六章明确提出授权政府继续资助"国际教育交流计划"。

2000年4月,美国发布了《克林顿总统关于美国国际教育政策的备忘录》(William J. Clinton: Memorandum on International Education Policy)。该备忘录从多方面促进美国高等教育国际化发展,如对学生留学的数量和类型做出规定,鼓励学生和学校选择非传统的国外留学地点,帮助名额不足的美国学校向其学生提供和开拓出国留学的机会,通过这些努力来增加获取高质量国际教育经验的渠道;促进美国与其他政府及非政府组织合作,帮助美国吸引更多的留学生到美国高校就读,制定措施对美国教育机会进行宣传;制定政策、措施减少签证、税收、手续等阻碍学生、学者的国际交流和专业人员往来的阻碍因素;增强国际交流意识和能力,包括加强外语教学,增加教师、管理人员及学生对外交流的机会,帮助教师增进对其他国家和文化的了解,帮助其他国家的教育机构加强英语教学;所有的国际交流项目通过"美国政府资助的国际交流和培训计划跨部门工作小组"统一协调,以避免重复交叉,最大限度地利用现有的资源。备忘录还提出增加教育部长与其他国家开展教育经验、知识的交流;拓宽国际教育交流的模式,使具有共同兴趣或目标互补的教育机构之间能够建立起持久的跨国合作关系;强调各教育部长及其他机构的领导与各州政府、学术机构、企业界的合作,强化特定计划,提高美国院校有关国际问题的知识水平,将国际问题教育列为美国大学本科教学中不可或缺的一个部分。与此同时,通过研究生教学和专业培训与研究加强国家培养国际问题及外语类高级人才、积累专门知识的能力；国务卿同政府机构、学术界、非公有部门进行合作，推动先进的科学与技术在国际教育交流中的合理使用，考察"无疆界教育"的含义和效果等。该备忘录明确规定了实施具体项目的目的和承诺，包括鼓励来自其他国家的学生在美国留学；促进美国学生赴国外留学；支持社会各个层次的教师、学者和公民的交流；加强美国大学中旨在建立国际合作关系及发展有关专门知识的项目；发展高质量的外语教学，增加美国人民对其他文化的深入了解；帮助和支持教师向学生介绍其他国家及其文化；发展新技术以帮助将知识传播给整个世界等。

2000年10月，美国通过《国际进修机会法》（International Academic Opportunity Act）。该法案的目的是建立本科生资助项目，为缺乏资金来源的美国学生提供资金支持使其能在国外高校学习，以便开阔视野并在日益全球化的经济中发挥重要作用。该法案规定，项目以吉尔曼国际奖学金的形式（Benjamin A. Gilman International Scholarships），每年为每个满足条件的学生提供5 000美元的资助。

2002年，美国教育理事会发表了由美国30所大学签名认可支持的国际教育纲领性文件《超越911：一项全国性国际教育的综合国家政策》（Beyond September 11: A Comprehensive National Policy on International Education）。该文件阐述了国际教育的国家政策目标，并详述了实现这些目标的具体策略。国家则通过实施项目、完善管理结构以及提供所需资源来实现这些策略。该文件阐述了国际教育的三个国家政策目标：培养国际专家来满足国家战略需要，加强美国解决全球问题的能力，以及培养具有全球能力的公民和劳动力。在对政府、私人部门以及高等教育界进行人才需要调查之后，该文件提出了国际教育的一系列国家策略。其中包括促进外语、区域和国际研究以及商业教育；促进教学的国际化；促进国际研究；促进与海外机构的联系；增加海外的研究和实习；增加国际学生的数量；增加学术及公民的交流；更好地利用技术去学习和获得信息。

2007年6月，美国通过了《包尔赛门参议员国外研习基金会法案》（Senator Paul Simon Study Abroad Foundation Act）。该法案的目的在于保证更多的美国学生有机会到海外学习以掌握外语及国际知识，以提升美国的国际竞争力及对国际的了解；增加掌握非传统外语技能和文化知识的美国人才储备，使美国具有多样化的人才，通过招募这些人才为美国外事机构、立法机构及有关外事活动的非政府组织服务，提高美国的对外政策能力；增加在非传统留学国家的留学生比例，如中国、中东地区及发展中国家；通过与这些国家更多地接触，加深这些国家对美国文化的理解。

2008年，美国国会众议院和参议院通过了《提高国际开放程度以提高美国国家竞争力法案》(American Competitiveness Through International Openness Now Act)。该法案指出，国际教育是公共外交的重要组成部分，并认为吸引世界上最优秀的学生和学者来美国大学和研究机构学习和工作会对美国的领导地位、竞争力和国家安全起到非常重要的作用。该法案提出了提高美国在留学生、学者、科学家及访问交流人员等方面的竞争力及具体的策略，包括各部门对留学生、学者、科学家和访问交流人员等事宜的清晰的权责；通过市场规划，持续改善网络和其他媒体资源，促进留学生在美国的学习；加强设在国外的教育咨询中心的作用，以促进留学生在美国的学习；明晰商务部在留学生方面的权责；明晰教育部在提高美国留学生竞争力的角色；明晰国土安全部在与留学生、学者及访问交流学者相关问题方面的权责。该法案规定，要建立国际教育合作委员会，取消学生非移民意图的标准，反对签证欺诈行为，提高对科学家的安全检查程序；修改了相关的短期访问签证及留学生和学者取得驾照的条款。

2. 美国高等教育国际化发展阶段

美国具有一个世纪的高等教育国际化的经验，而且二战后与高等教育国际化直接或间接相关的国家政策逐渐增多。探究这些政策的发展历程，二战后美国高等教育国际化政策大致可以分为如下三个阶段：

第一阶段从二战后到60年代末。这一时期美国的高等教育国际化政策是以维护和平、扩大交流、支援盟国战后重建、扩大政治和经济等影响力，以及维护国家地位为目的开展的，国际化的主要形式是人员的交流和以人员交流和国家安全为目的的语言培训和研究。

第二阶段从20世纪70年代到90年代初。这一阶段属于发展回落阶段，其间，由于美国国内政治的变化以及越南战争，国内民众对国际教育的关注和热情逐渐降低，政府不得不应付由战争带来的一系列国际和国内问题。这一时期联邦政府没有出台与高等教育国际化相关的新政策,高等教育国际化活动依旧根据原有法案开展。地方和高校成为高等教育国际化发展的主力,特别是非政府组织对于高等教育国际化的发展起到了十分重要的作用。

第三阶段从20世纪90年代至今。这一阶段是美国高等教育国际化政策新一轮迅速发展阶段。其间,冷战的结束使得美苏两大阵营的对抗得到了缓和,而经济、技术的迅速发展使得各国之间的竞争由军事逐渐转移到了技术、人才和教育领域,同时经济全球化的发展又使得各国之间的交流和合作越来越广泛。这一时期美国高等教育国际化政策以面向全球教育、培养适应全球竞争需要的人才为依托,提高国家在全球化中的竞争力展开。

3. 美国高等教育国际化政策特点分析

由于美国是联邦制国家,政府在高等教育国际化中发挥的作用相对较小,联邦政府在高等教育方面的角色仅限于提供研究经费、学生财政资助和设定相关的税收。尽管如此,政府的许多举措与国际化的发展密切相关。从二战后的政策发展不难看出,美国政府对高等教育国际化的干预逐渐加强,干预的方式逐渐多样化,对高等教育国际化的重视和参与程度都明显提高。美国的高等教育国际化政策具有以下特点:

第一,国际化的内容不断丰富。二战结束初期,政府推动国际化的方式主要是拨款资助学生、教师和研究人员开展国际交流。自1958年以来,外语教育和研究成为推动高等教育国际化的一种重要方式。美国政府除了提出加强外语教育外,还通过制定"外国语言促进计划"、设立外语教学中心等举措,扩大外语教学与研究的范围。1966年通过的《国际教育法》设立了与国际相关专业有关的高级研究、培训与资源中心,使得政府对高等教育国际化的干预深入到了相关教学和研究领域,包括国际化课程的制定、开发和研究等。20世纪90年代以来,美国政府推动高等教育国际化的方式得到进一步发展,除了学生交流、外国语言教学与研究等外,为了保持美国的"国家领导地位""国家安全",提高国家竞争能力,更加注重对学生国际化观念和意识的培养,强调培养"全球公民"。同时,通过政府、企业、非政府组织、学术团体等多种渠道的交流和合作,与不同国家建立合作伙伴关系来促进高等教育国际化的发展。

第二,资金来源渠道日益多样化。二战以来,无论从维护国家安全考虑还是从增强竞争力的角度考虑,美国对高等教育国际化的资助一直都是政府政策的重要内容。联邦政府通过直接拨款、资助项目以及设立奖学金等形式,推动高等教育国际化的发展。州政府也通过提供资金、贷款、奖学金和调整录取标准等措施来推动高等教育国际化的发展。同时,积极从非政府渠道如基金会、企业和个人捐赠等渠道筹措资金支持高等教育国际化的发展。

第三,多种因素驱动的国际化。加拿大学者Knight将高等教育国际化的动因分为四种类型:社会文化动因,政治动因,经济动因和学术动因。就国家层面来看,早期高等教育国际化政策更多地强调政治和经济动因,国家政策中多次提到"国家安全","国家地位"以及"国家的竞争力"等。在20世纪90年代以后,随着全球化的发展,文化和社会的交流越来越广泛,使得学术和文化的动因也迅速刺激高等教育国际化的发展,这一时期政策文本中"技术""人才""文化理解和交流""知识交流"等内容的出现更加频繁。因此这一时期社会文化和学术动因也成为驱动美国高等教育国际化发展的重要因素。

第二节 中国高等教育国际化政策

我国的高等教育国际化活动从新中国成立以来就一直存在,但是由于国际环境、国内需求和条件的限制,早期的高等教育国际化活动更多地表现为一些简单的国际交流活动,具体政策也都是针对这些国际交流活动展开的。其中最主要的内容包括派出学生到东欧国家特别是苏联留学,鼓励出国留学人员归国工作,聘请国外专家担任我国政府教育部门顾问,为教育部门工作人员开设讲座、报告,聘请国外专家来华任教等。由于当时主要与苏联有紧密的联系,因此这些活动主要是在我国与苏联之间展开的。虽然1949—1978年我国的高等教育国际化有一定的发展,但是由于国内外条件的限制,其间高等教育国际化政策与实践发展仍然十分有限。直到改革开放之后,我国高等教育国际化的政策与形式才得到了全面、迅速的发展。

一、改革开放以来我国高等教育国际化政策发展沿革

改革开放以来,随着我国经济的迅速发展和外交工作的全面展开,高等教育作为服务于经济、社会发展的重要载体,也得到了不断的发展,高等教育国际

化也在不断推进之中。

1985年，颁布的《中共中央关于教育体制改革的决定》是改革开放以来首个关于教育改革的纲领性文件。该文件强调了国际交流的重要性：高校"有权利用自筹资金，开展国际的教育和学术交流……教育体制改革……同时要注意借鉴国外发展教育事业的正反两方面的经验……发达国家在这方面的经验尤其值得注意。要通过各种可能的途径，加强对外交流，使我们的教育事业建立在当代世界文明成果的基础之上"。该文件中虽然没有直接出现高等教育国际化的字眼，但是其内容涉及开展国际教育与学术交流，而加强对外交流是高等教育国际化的一个重要方面。该文件表明，这一时期我国高等教育国际化的主要是通过教育和学术交流，引进和借鉴发达国家的高等教育的经验、成果来促进我国高等教育和经济社会发展。

1993年，国务院颁布的《中国教育改革和发展纲要》，与1985年颁布的《中共中央关于教育体制改革的决定》相比，涉及的高等教育国际化内容，无论是内容还是广度都有很大变化。《中国教育改革和发展纲要》强调了教育要面向现代化，面向世界，面向未来的方针，同时强调坚持教育的对外开放，要吸收借鉴人类社会的一切文明成果，鼓励实施多种形式的办学。这些都与高等教育国际化密不可分。在具体内容方面，提出要建设重点大学与学科，使一批学科达到世界较高水平；支持留学，鼓励回国；鼓励同外国高校的交流合作；鼓励与国外高校或专家联合培养人才，联合开展科学研究；加强对外汉语教学等。其主要目的是为了迎接新技术革命的挑战，迎接21世纪国际竞争与挑战，使国家在经济、综合国力的竞争中处于战略主动地位。不难看出，这一时期的教育政策对高等教育国际化有更多关注，明确提出了要进一步扩大教育对外开放，加强国际教育交流与合作，大胆吸收和借鉴世界各国发展和管理教育的成功经验。高等教育国际化的内容已经不仅仅限于派出留学生，引进国外的专家、学者，开始逐渐涉及学科发展、学术研究、人才培养等不同方面。高等教育国际化的活动也不仅仅是被动的"引进"，开始逐渐向"合作"过渡，如强调联合培养学生及其教学、科研方面的合作等。这一时期，政策中也首次提到了合作办学这一新的国际化形式。

1998年教育部制定的《面向21世纪教育振兴行动计划》明确将教育放在

优先发展的战略地位,强调通过高等教育国际化应对知识经济和信息技术发展的挑战,为增强国家的综合国力和竞争力培养"高层次创造性人才"。该行动计划按照江泽民同志在北京大学百年校庆上关于"为了实现现代化,我国要有若干所具有世界先进水平的一流大学"的讲话精神,提出创建若干所具有世界先进水平的一流大学和一批一流学科,实施"985工程"。在该目标框架下,这一时期高等教育国际化的政策内容更强调"一流大学"建设,强调从学科出发,通过选拔和聘请高水平学者,促进学术和科研发展。该计划提出:"高等学校要跟踪国际学术发展前沿,成为知识创新和高层次创造性人才培养的基地。要重视培养高层次创造性人才的团结、协作和奉献的精神。从国内外吸引一批能够领导本学科进入国际先进水平的优秀学术带头人"。可以看出随着国内外社会经济背景的变化和世界高等教育的发展,这一时期我国的高等教育国际化已经开始由广度向深度转变,从扩大国际化的范围和数量向提高国际化的质量和水平转变。

2004年,教育部颁布了《2003—2007年教育振兴行动计划》。该计划是在《面向21世纪教育振兴行动计划》的基础上制定的,其中高等教育国际化的内容主要是围绕"985工程"的实施和推进展开的,因此这一时期高等教育国际化的政策同样以建设世界一流大学为目标,开展相关学科建设、人才培养、科技创新、队伍建设和国际合作。通过引进高层次人才,带动学科建设和发展,促进学术研究和国际合作。除了以学校整体发展延伸出来的相关国际化政策外,《2003—2007年教育振兴行动计划》还将扩大教育对外开放作为独立的内容进行了讨论,在国际交流合作方面更注重全方位和高层次的发展。其中全方位包括教育合作参与方的全方位,合作领域的全方位。该行动计划还强调了建设和完善国家层面的教育涉外政策法规和监管体制,在国际合作方面更强调高水平大学之间的强强合作以及与国际组织之间的合作。这一时期我国的高等教育国际化政策中,留学工作仍然是高等教育国际化不可或缺的一部分,但内容已不单单限于留学生的派出和引进,而是强调派出高层次的学生赴海外学习,同时引进高层次的学者回国。除了《2003—2007年教育振兴行动计划》外,其他一些相关支持政策也广泛涉及到了高等教育国际化的内容,如财政部与教育部发布的《关于继续实施"985工程"建设项目的意见》,就对建设世界一流大学即

"985工程"的重要意义、总体建设思路、建设目标、建设任务、建设资金与组织管理等方面的内容做了详细的介绍。这些内容为高等教育国际化的实施提供了更详细的依据。

2010年7月,第四次全国教育工作会议审议并通过了《国家中长期教育规划纲要(2010—2020年)》。该纲要体现了我国高等教育改革发展的新要求、新变化,特别是随着高等教育大众化的发展,国家越来越强调高等教育的质量,而高等教育国际化也是提高高等教育质量的一个重要保障。除了继续推进世界一流大学和一流学科建设,增强高等教育的国际竞争力,全面提高高等教育质量外,这一时期在扩大教育开放方面的重点又有了新的变化。该纲要首次提到要提高我国教育国际化水平,在加强国际交流与合作维度中,除了强调高水平的合作,更强调培养"具有国际视野、通晓国际规则、能够参与国际事务和国际竞争的国际化人才"。在"引进来"方面,由过去的引进高水平学者扩展为引进优质教育资源,这些教育资源不仅包括人才,更包括国外的项目、专家、团队、机构等内容,而在这种更广泛意义上的"引进来"中,中外合作办学具有重要的意义。合作交流方面,更加强调政府间的学历学位互认,与国外高水平大学合作平台的建立。与此同时,和以前的政策相比,这一时期也更多地强调国际理解、跨文化交流,以及不同国家、不同文化的认识和理解等内容。而在"走出去"方面,开始强调我国高水平大学在海外的办学,如支持国际汉语教育,提高孔子学院办学质量和水平,加大教育援助,建立高等学校毕业生海外志愿者服务机制等。除了《国家中长期教育规划纲要(2010—2020年)》本身对高等教育国际化的政策规定外,国家还颁布了一系列配套和支持政策,推进高等教育国际化。

2012年,教育部发布的《国家教育事业第十二个五年发展规划》中,将教育对外开放提到战略层面,明确指出要提高我国高等教育的国际化水平,高等教育国际化也不可避免地成为国家战略发展的一个重要部分。在这一政策文本中,教育交流合作更强调新的格局,国际化的目的更强调提高竞争力、影响力以及国家对外开放能力,包括服务对外贸易,对外投资和对外援助等。这些目的的实现主要通过拓宽教育合作领域和提高教育层次来引进优质教育资源;通过实施"留学中国计划""文化走出去工程",以及参与国际学术交流来扩大我国教育的国际影响力。同时,这一时期的政策也强调对国际问题的研究,强调加强教育国际援助。这些变化都说明,随着我国综合国力、竞争力的增强,以及我国教育水平的不断提高,我国高等教育国际化也越来越强调"走出去"。

除了国务院、教育部颁发的一系列政策法规外,其他部门的政策文件中也涉及高等教育国际化的内容,这些内容主要体现在部门的发展规划、相应的项目、计划等政策文件中。如国家外国专家局发布的《国家中长期人才发展规划纲要(2010—2020年)》提出,要实施更加开放的人才政策,并实施"海外高层次人才引进计划";《国家引进国外智力"十二五"规划》中提出了"十二五"期间海外人才引进的任务与目标,并通过一系列工程与项目来实现该目标。高校,特别是研究型大学则是实施这些工程与项目的一个重要渠道,因此这些政策的实施也极大地促进了我国高等教育国际化的发展。

二、我国高等教育国际化政策发展特点分析

新中国成立以来,我国高等教育国际化政策得到了很大发展,特别是改革开放以后,随着我国经济的发展,综合国力和竞争力的增强以及高等教育的快速发展,高等教育国际化政策也发生了巨大的变化。概括起来,我国高等教育国际化政策发展过程可以分为四个阶段,每个发展阶段强调的内容并不相同。表3-1总结了我国不同阶段高等教育国际化发展的内容以及特点。

表3-1 我国不同发展阶段高等教育国际化内容及特点

	第一阶段	第二阶段	第三阶段	第四阶段
主要内容	①派出留学生 ②吸引留学生归国	①留学生的交换 ②专家学者的引进 ③人才培养 ④合作交流	①留学生的招收 ②教师、学生的交流 ③国际化的教学、培养和科研 ④合作关系与平台的建立	①高层次人才培养与引进 ②世界一流学科、专业的建设 ③国际化体制、机制的建立 ④高水平合作办学 ⑤举办孔子学院等
主要特点	①数量较少 ②国际化水平低下 ③形式单一 ④服务国家经济	①数量逐渐增多 ②形式增多 ③强调"合作"	①数量发展较快 ②形式不断丰富 ③强调质量 ④更多的自主权	①数量较多 ②多渠道、创新性、战略性发展 ③高质量、高层次、高水平发展 ④引进优质资源 ⑤提高影响力、竞争力、国际援助能力

我国研究型大学国际化政策与现实

第一阶段,1949—1978年。这一阶段我国高等教育国际化政策发展较为缓慢。新中国成立之初,由于国家经济水平低,国内高等教育较为落后等原因,我国没有明确建立高等教育国际化的概念,一些高等教育国际化活动主要是建立在为经济、社会发展服务的基础上开展的。这一时期高等教育国际化的主要任务就是派出留学生和吸引留学生回国建设,高等教育国际化的主要内容是人员之间的国际流动,开展的少数项目也是为了输送留学生而进行的。

第二阶段,从1978年我国实施改革开放到1998年《面向21世纪教育振兴行动计划》颁布之前。这一阶段是我国高等教育国际化政策的复苏阶段。随着改革开放的实施,我国的政治环境、经济实力等方面有了较为明显的改善,教育、文化也逐渐向世界敞开大门,采取更为开放的发展态度。随着20世纪80年代全球高等教育的发展以及高等教育国际化的发展,我国的高等教育政策中也逐渐加入了更多的高等教育国际化的内容。除了留学生的交换、派出,专家学者的引进等人员流动外,更加强调学术研究和人才培养的国际化。同时,国际合作、研究、合作办学等概念在政策中频繁被提及。总之,与前一阶段相比,这一时期的高等教育国际化政策内容逐渐丰富。

第三阶段,从1998年《面向21世纪教育振兴行动计划》颁布到2010年《国家中长期教育规划纲要(2010—2020年)》颁布之前。这一阶段是我国高等教育国际化逐渐向高水平过渡阶段。1998年提出的建设世界一流大学是研究型大学实施高等教育国际化的主要目标。期间,随着"211工程""985工程"的实施,高等教育国际化政策的内容主要是围绕世界一流大学和一流学科建设展开的,并且越来越强调高等教育国际化的质量和水平。具体政策内容主要包括两方面:一是与大学职能相关的教学、科研与社会服务相关的国际化内容,具体内容为国际化人才培养、国际化学术研究、国际化人才引进等。二是就扩大教育交流而开展的高等教育国际化活动,如建立国际合作关系、国际化的合作平台,寻求更优质的国际资源等。这一时期,高等教育国际化政策的内容不断丰富,在建设世界一流大学目标指引下,开始向高质量、高水平、高层次过渡。

第四阶段,从2010年《国家中长期教育规划纲要(2010—2020年)》颁布至今。随着我国教育对外开放程度的不断扩大,以及"985工程"发展到一个新的阶段,国家政策层面越来越注重高等教育国际化的发展,并逐渐向战略层面转变。除了继续强调人才培养、科学研究、人才引进、合作交流等内容的高层次外,还更加注重理念层面的国际化,如强调国际视野、国际理解、文化交流、国际影响力等。政策内容不但强调国际化的内容建设,也越来越注重国际化体制、机制的建立与完善。政策中国际化的内容和形式不断丰富,除人员、合作与交流的发展外,越来越强调国际影响力、国际声誉以及对外援助能力。

总之,新中国成立之后,虽然我国的国际教育交流活动已经存在,但高等教育国际化从改革开放后才开始逐渐发展起来,国家政策对高等教育国际化发展起到了十分重要的作用,决定了高等教育国际化发展的方向和目标。同时,国家政策的内容体现了我国高等教育国际化由最初的单一性逐渐向全面、多样化发展,从最初的强调数量逐渐向高水平、高层次国际化发展。高等教育国际化政策内容的变化反映了我国高等教育国际化整体水平的提高及其在世界上的影响力和竞争力的不断提升。

三、我国实施高等教育国际化的动因

Knight 最早提出的实施高等教育国际化的动因包括社会/文化、政治、经济和学术四方面。在之后的研究中,她将高等教育国际化的动因进一步划分为国家和大学两个层面。国家层面的国际化动因可以从人力资源发展、战略联盟、商业贸易、国家建设和社会文化发展几方面来分析。通过对改革开放以来我国高等教育国际化政策发展历程的分析可以发现,在不同阶段,国家实施高等教育国际化的动因并不相同。

在 20 世纪 80 年代,我国实施高等教育国际化的动因主要体现在经济和社会/文化两方面。这一时期,实施高等教育对外开放,加强对外交流的主要目的在于促进我国经济社会发展。这是因为,随着改革开放的实施,这一时期党和国家的工作重心主要集中在经济建设方面,高等教育国际化发展也需要服务于该目的,通过引进国外的先进高等教育经验与成果来推动我国经济社会发展。

在 90 年代,随着经济社会的发展,我国的高等教育事业也面临一系列的改革。这些改革的目的就是为了适应国内经济社会发展的迅速变化,应对全球经济发展和变革所带来的挑战。这一时期,高等教育国际化政策内容所体现出来的动因主要集中在政治和学术两方面。不同政策多次强调要迎接世界新技术革命的挑战,迎接国际竞争与挑战,要使国家在经济、综合国力的竞争中处于战略主动地位等,这都体现了国家实施高等教育国际化的政治动因。在这一时

期,高等教育国际化政策也强调了建设重点大学和学科,使一批学科达到世界较高水平,提出要与国外高校进行联合培养、学术研究以及教育合作等。同时,"211工程""985工程"的实施,强调以建设世界一流大学为目标,从学科和专业出发,跟踪国际学术前沿,选拔和引进高水平学者和高层次人才,培养高层次创造性人才,吸引具有国际先进水平的学术带头人,这些都体现了发展高等教育国际化的学术动因。

21世纪以来,信息技术和全球化的发展为各国高等教育国际化的发展带了新的机遇和挑战,各国技术和人才的竞争更为激烈,同时互相理解和合作的需求也日益增强。这一时期我国高等教育国际化的政策除了强调政治和学术动因外,也更加注重文化的传播交流与相互理解。除了继续实施以建设一流大学和一流学科为目标的"985工程",通过引进高层次人才,带动学科建设和发展,促进国际学术交流、合作和人才培养等学术内容外,高等教育国际化政策也越来越强调提高高等教育质量,以及国际化在提高等教育质量中的重要作用,强调要培养具有国际视野、通晓国际规则、能够参与国际事务和国际竞争的国际化人才。这些内容一方面体现了通过高等教育国际化发展学术的动因,另一方面也体现了国家战略发展和人力资源发展的需要。此外,这一时期的高等教育国际化政策也多次提到了国际理解,跨文化交流,对不同国家、不同文化的认识和理解等内容,强调我国高水平大学到海外办学,强调对外开展汉语教育,举办孔子学院,教育援助以及海外志愿服务等内容。这些内容都体现了随着我国经济社会的发展和综合国力的提高,实施高等教育国际化的动因也在不断变化,除了推动本国政治经济发展,提升学术水平外,通过促进文化交流与理解,加强对外服务和援助也是我国高等教育国际化在文化动因方面的一个重要体现。

四、我国高等教育国际化政策的具体表现

我国高等教育国际化政策发展经历了由简单到复杂,由单一到多样的发展过程。政策内容最初以派出留学生、引进国外专家等单一的形式为主。随着我国高等教育的发展,在原有基础上,高等教育国际化逐渐向人才培养、教师发展以及教学与科研的国际化发展,其形式不断丰富。近年来,随着全球经济社会的发展,国家之间的竞争越来越体现为科学技术和人才的竞争,工业化、信息化、国际化等发展使得全球竞争日益激烈,国际环境日趋复杂,对我国高等教育发展也提出了新的挑战。为了应对挑战,提高人才培养质量,提升科学研究水平,加快一流大学和学科建设,扩大高等教育对外开放,2010年我国颁布了《国家中长期教育规划纲要(2010—2020年)》。高等教育国际化发展主要围绕国家高等教育改革发展的任务,在建设一流大学目标的指引下,从人才培养、学科建设、队伍建设和国际化交流合作等方面展开。

1. 国际化的人才培养

人才培养是高等教育的主要任务。近些年来随着我国经济社会的发展和国际竞争的激烈,对人才培养也提出了新的要求。首先,随着国家创新体系的发展,培养和引进高水平、具有创新能力的专门人才也越来越成为我国人才队伍建设的方向。1998年颁布的《面向21世纪教育振兴行动计划》就提出要引进"高层次创造性人才",跟踪国际学术发展前沿,建立高层次创新人才培养基地。随着我国高等教育大众化的不断发展,高等教育质量问题越来越受到关注,提高人才培养质量也成为高等教育改革发展的一个重要问题。无论是国家创新体系建设,还是提高人才培养质量,国际化始终是一个重要的维度。在人才培养方面,国家政策更强调人才培养的目标、人才培养标准以及培养方式的国际化。《国家中长期教育规划纲要(2010—2020年)》明确提出:"适应国家经济社会对外开放的要求,培养大批具有国际视野、通晓国际规则、能够参与国际事务和国际竞争的国际化人才"。

为此,教育部推出了一系列项目和计划来提升人才培养的质量和国际化水平。这些项目或计划虽然目的不同,但都强调了人才培养国际化的标准和方式,并通过加强国际交流与合作来实现培养目标。例如,2011年教育部颁布的《关于实施卓越工程师教育培养计划的若干意见》就提出,要引进国外先进的工程教育资源和高水平工程教师,组织学生参与国际交流、赴海外企业实习,拓展学生的国际视野,提升学生跨文化交流、合作能力和参与国际竞争能力;支持高水平的中外合作工程教育项目,鼓励有条件的参与高校使用多语种培养熟悉外国文化、法律和标准的国际化工程师;积极采取措施招收更多的外国留学生来华接受工程教育等一系列的措施来促进学生的国际化培养。同时,该计划通过参照国际通用的做法,按照国际标准对参与的专业进行质量评价,从而保证该计划的国际水平。同样,教育部2011年颁布的《实施卓越法律人才教育培养计划的若干意见》也提出了培养具有国际视野、通晓国际规则、能够参与国际法律事务、维护国家利益的涉外法律人才,并探索"国内—海外合作培养"机制,加强国内法学院校与海外高水平法学院校的交流与合作,推进双方的教师互派、学生互换、学分互认和学位互授联授,积极利用海外优质法学教育资源,探索形成灵活多样、优势互补的卓越法律人才培养机制。2012年,教育部出台了《基础学科拔尖学生培养试验计划实施办法》,其目的是为了培养具有国际一流水平的基础学科领域拔尖人才。通过借鉴一流大学的成功经验,充分利用国内外优质教育资源,培养基础学科拔尖创新人才。培养过程更强调国际化的标准和水平,包括师资、学习条件的国际化标准,通过国内外交叉培养,实现学生培养的国际一流水准。同时,组织国内外专家针对参与计划的学校进行定期的评估,以保证实施的效果。

除此以外,教育部还通过推广在线课程、开设双语课程等途径来促进大学课程和教学的国际化。2010年,教育部和财政部发布了《关于批准2010年度双语教学示范课程建设项目的通知》,批准了全国各高校设立的151门双语课程,通过建设双语教学示范课程,不断探索国际先进的教学理念与教学方法,建立符合中国实际的双语课程教学模式,从而提高我国高等教育教学质量。双语课程建设涉及与课程相关的双语师资的培养、对国外教师和专家的聘请、双语教材的引进和建设、双语教学方法的改革和实践等内容。2015年,教育部印发的《关于加强高等学校在线开放课程建设应用与管理的意见》中也提出要规范在线开放课程的对外推广与引进,并鼓励通过在线开放课程平台,对外推广我国优质课程,鼓励优先引进反映学科发展前沿且具有先进教育理念和经验的优质课程。

国际化的人才培养不仅体现在本土的教学过程中,还体现在人才培养的国际交流中。国家通过建立合作关系,实施学历学位以及学分互认,派出学生出国交流学习以及招收各类留学生来提高我国高校人才培养的国际化能力和国际化水平。

近年来,通过实施"985工程"以及相关的计划,国家资助在校学生赴国外高校特别是高水平大学进行交流访问,以提高"985工程"大学人才培养的国际化水平。2011年,教育部和财政部印发了《国家公派出国留学研究生管理规定的通知》,2012年,印发了《国家建设高水平大学公派研究生项目学费资助办法》等一系列政策文件与规定。依据这些政策与规定,留学基金委每年实施各类留学项目资助学生出国交流,包括"优秀本科生国际交流项目""国家建设高水平大学公派研究生项目""国家公派硕士研究生项目""艺术类人才培养特别项目""创新型人才国际合作培养项目"等。

此外,对留学生的培养也是我国国际化人才培养的一个重要内容。招收来华留学生一直以来是我国教育对外交流合作的举措,近些年来随着我国高等教育水平的不断提高,高等教育的对外影响力逐渐扩大,招收留学生的数量不断增加,接受留学生的专业领域也更加广泛。国家政策继续鼓励对外招收留学生,并更加注重留学生的培养质量。《国家中长期教育规划纲要(2010—2020年)》提出要扩大留学生规模,并增加中国政府奖学金数量,重点资助发展中国家学生,同时通过增加高校外语授课的专业来提高来华留学生的教育质量。同年颁布的《国务院办公厅关于开展国家教育体制改革试点的通知》也提出要扩大留学生招生规模,完善来华留学生培养体制机制。与此同时,国家开始实施"留学中国计划",其目标是将中国发展为亚洲最大的留学目的地国家,并完善留学工作的服务体系,打造留学生培养的高水平师资队伍,培养一大批知华、友华的留学毕业生。该计划制定了留学工作的目标、任务、政策保障、管理和工作机制,并提出通过加强宣传推介、改革招生模式等方式促进留学生的招生。在留学生培养方面,更强调培养模式的创新和探索,通过拓宽课程设置,打造品牌专业,加强师资队伍建设,完善质量保障体系,来保证留学生的培养质量。2012年,教育部印发的《关于全面提高高等教育质量的若干意见》中提出全面实施留学中国计划,不断提高来华留学教育质量,进一步扩大外国留学生规模,使我国成为亚洲最大的留学目的地国家。

2.教师队伍建设

高水平教师队伍对于世界一流大学的建设十分重要。《国家教育事业发展第十二个五年规划》指出,提高教育现代化水平迫切要求把加强教师队伍建设摆在教育工作全局的突出位置。《国家中长期教育规划纲要(2010—2020年)》提出,要以中青年教师和创新团队为重点,建设高素质的高校教师队伍;通过实施各种高层次人才引进计划和项目,为高校集聚具有国际影响的学科领军人才。教师队伍对于高等教育的发展至关重要,而教师队伍的国际化水平也决定了高等教育发展的质量。近几十年来,从国家政策层面看,教师队伍的国际化建设主要体现在高层次人才引进、青年教师培养以及外籍教师的聘请三方面。其中外籍教师的聘请由教育部统筹负责,各高校具体实施。通过实施"外籍教师聘请计划""海外名师项目"等措施,引进外籍教师来华任教与科研合作。青年教师培养主要通过实施有关项目、提供资金资助等,支持青年教师出国交流、访问与进修,提高教师的科研和教学能力。例如,2011年中央组织部印发的《青年英才开发计划》就是为了贯彻落实《国家中长期教育规划纲要(2010—2020年)》,并依据《中央人才工作协调小组实施〈国家中长期人才发展规划纲要(2010—2020年)〉任务分工方案》的要求而制定的。其目标是通过实施"青年拔尖人才支持计划",提升我国的人才竞争力,在一些重点学科领域,培养一批青年拔尖人才。2012年中央组织部办公厅印发了《国家高层次人才特殊支持计划》(即"万人计划"),旨在统筹国内外两种人才资源,在国内遴选一批自然科学、工程技术和哲学社会科学领域的杰出人才、领军人才和青年拔尖人才,形成与"千人计划"相互衔接的高层次创新创业人才队伍建设体系,并培养和支持高层次人才以及国家特殊支持人才到国际组织任职。

除了通过自身培养来促进教师队伍的国际化外,引进高层次人才也是近年来国家推进高校教师队伍国际化建设的重大举措。为实施科教兴国战略,培养高水平学科带头人,造就具有国际影响力的学科领军人才,提升国家重点学科的国际化水平,教育部实施了"长江学者奖励计划",面向海内外聘请长江学者特聘教授和讲座教授等,推动学科的国际化发展,培养和组建具有国际先进水平的学术团队,促进国内高校与国外高水平大学的交流与合作。2006年,教育部和国家外国专家局共同制定了《高等学校学科创新引智计划》(即"111计划")。该计划以建设学科创新引智基地为手段,其目的是加大成建制引进海外人才的力度,从而在高等学校汇聚一批世界一流人才,同时进一步提升高等学校引进国外智力的层次,加强海外人才与国内科研骨干的融合。该计划主要从世界排名前100位的大学或研究机构的优势学科队伍中,引进、汇聚1000余名海外学术大师、学术骨干,配备一批国内优秀的科研骨干,形成高水平的研究队伍。为了实施人才强国政策,国家外专局还制定了《国家中长期人才发展规划纲要》,提出了人才发展的一系列措施和具体计划,其中包括"青年英才开发计划",旨在重点学科领域扶持一批青年拔尖人才;"高素质教育人才培养工程",旨在高校内培养一批教育家、教学名师和学科领军人才;"海外高层次人才引进计划"(即"千人计划"),旨在引进海外高层次人才回国创新创业。2015年,国务院印发的《统筹世界一流大学和一流学科建设总体方案的通知》同样强调实施人才强校战略,建设一流队伍的思想,包括引进高层次人才,优化中青年教师的成长和发展,吸引外籍教师等具体措施。可以看出,在不同阶段,国家对高校教师队伍建设的目标和要求虽有所不同,近年来,国家政策更加强调高层人才的引进,强调通过提高教师队伍的国际化水平,带动大学一流学科建设,促进大学创新能力的提升和人才培养质量的提高。

3. 学科建设

1998年的《面向21世纪教育振兴行动计划》提出了建设世界一流大学和一流学科的目标,强调以学科为单位,通过调整和优化学科方向和学科结构,提升队伍建设、人才培养、科学研究的国际化水平,进而实现世界一流大学的建设目标。2004年,为继续推进"985工程",确保"985工程"二期(2004—2007)的启动和实施,教育部和财政部提出了《关于继续实施"985工程"建设项目的意见》,明确规定了这一时期的建设目标是使一批学科达到或接近国际一流学科水平,并结合国家创新体系建设,重点建设一批"985工程"科技创新平台和"985工程"哲学社会科学创新基地,促进一批世界一流学科的形成和推动学科建设。2006年实施的"高等学校学科创新引智计划"也是为了瞄准国际学科发展前沿,围绕国家目标,结合高等学校具有国际前沿水平或国家重点发展的学科领域,重点建设一批具有创新能力的学科,提升高等学校的科技创新能力和综合竞争力。《国家中长期教育规划纲要(2010—2020年)》和《国家教育事业发展第十二个五年规划》也进一步强调了要继续实施"985工程"和优势学科创新平台建设,"211工程"和启动特色重点学科项目,鼓励学校优势学科参与国际学术合作组织与科学计划,通过与国外高水平大学建立联合研发基地等举措来加快建设世界一流大学和一流学科。为了配合《国家中长期教育规划纲要(2010—2020年)》的实施,加快推进创建世界一流大学步伐,教育部和财政部于2011年提出了《关于加快推进世界一流大学和高水平大学建设的意见》,提出加快推进世界一流大学和高水平大学建设的主要任务之一就是要实现学科建设新的突破,加快建成一批达到国际先进水平的学科。瞄准学科前沿和国家重大需求,进一步完善高水平研究型大学的学科整体布局,注重学科体系建设,着力提高学科水平。2015年国务院发布了《统筹推进世界一流大学和一流学科建设总体方案》,提出了未来实施一流大学和一流学科建设的原则和目标,提出要以一流为目标,以学科为基础,建立一流大学和学科的评价体系和激励机制。该方案还规定了一流大学和学科建设的阶段性目标,即学科发展由进入世界一流行列到进入一流前列,增加一流学科的数量,提升大学和学科的实力。各高校应根据自身的实际来探索自身一流大学和学科建设的路径,通过一流大学和一流学科建设建设一流师资队伍,培养拔尖创新人才,提升大学学术研究水平。

4. 国际交流合作

国际交流合作是促进高等教育国际化的主要渠道。在国家层面,主要通过高层互访、往来对话等形式签订教育合作协议,制定合作框架,并通过制定一系列宏观政策措施来促进高等教育的合作与交流。此外,国家之间还通过开展有关项目来促进国际合作交流。例如,中美富布莱特项目就是中美两国政府之间设立的合作交流项目。

随着高等教育国际化的发展,高等教育的国际交流合作形式也日渐多样化。除了国家之间的对话、往来,签订协议,建立伙伴关系或联盟等方式外,建立营利性或非营利性的海外教育服务机构或项目也是国际交流合作的一种重要形式。例如,近年来,我国一些高校通过在海外设立分校,建立孔子学院和中外合作办学等形式开展国际交流与合作。其中,中外合作办学的历史最长,经过30多年的发展与完善,中外合作办学已经成为我国实施高等教育国际化,探索高等教育模式和体制改革的重要途径。

5. 中外合作办学

尽管中外合作办学这一现象在改革开放以后就出现了,但对中外合作办学概念的界定却相对较晚。根据2003年颁布的《中华人民共和国中外合作办学条例》规定,"中外合作办学是指中国教育机构与国外教育机构在中国境内合作举办以中国公民为主要招生对象的教育机构的活动",包括中外合作办学机构和中外合作办学项目。它不同于外国大学在境外开办分校(branch campus 或

satellite university),将外国大学的教学理念、方式、办学形式在海外移植。中外合作办学更强调国内大学的作用,旨在通过设立中外合作办学机构和项目,引进海外优质教育资源。从1986年我国第一家中外合作办学机构设立至今,经过30多年的发展,中外合作办学无论在数量上还是在质量上都得到了迅速发展,中外合作办学的政策也逐步完善,主要经历了四个发展阶段。

第一阶段是探索发展阶段。这一阶段时间大致可以划分为从改革开放到1995年《中外合作办学暂行规定》颁布之前。20世纪80年代初,随着我国改革开放政策的实施,我国高校也开始与国外大学进行接触,探索高等教育交流与合作的可能性。其中,1986年南京大学与美国霍普金斯大学合作创建的中美文化研究中心被认为是我国最早实施的中外合作办学活动。90年代以后,随着中外合作办学活动的增加,国家也相继出台了相应的政策对其进行规范和管理。1993年国务院颁布的《中国教育改革和发展纲要》提出教育要扩大开放、改革创新、不断尝试新的办学形式,对中外合作办学的发展起到了积极的推动作用。1993年6月,原国家教委发布的《关于境外机构和个人来华合作办学问题的通知》也提出合作办学的形式有助于我国教育事业的发展。这一时期由于中外合作办学处于发展的最初阶段,数量较少,因此有关政策主要是对中外合作办学发展方向的规定,并未涉及中外合作办学具体的内容和规范。

第二阶段是初步形成阶段。这一阶段从1995年《中外合作办学暂行规定》颁布到2004年教育部发布《中华人民共和国中外合作办学条例实施办法》。《中外合作办学暂行规定》被认为是我国第一个针对中外合作办学的较为全面的政策文件。该规定首次对中外合作办学的定义进行了阐述,认为中外合作办学是指"外国法人组织、个人以及有关国际组织同中国具有法人资格的教育机构及其他社会组织,在中国境内合作举办以招收中国公民为主要对象的教育机构,实施教育、教学的活动"。该规定对中外合作办学的性质、批准、设置、运行、监管等方面的内容进行了规定,是中外合作办学逐渐向规范化、法制化发展的标志。《中外合作办学暂行规定》是中外合作办学政策发展的开端,随着中外合作办学活动越来越频繁,中外合作办学的政策也越来越多。例如,1996年1月国务院学位办发布的《关于加强中外合作办学活动中学位授予管理的通知》就是对中外合作办学学位授予内容的规定。1998年出台的《中华人民共和国高等教育法》也为中外合作办学的发展营造了积极的环境。与此同时,中国加入世界贸易组织不仅促进了我国教育的对外开放,也为中外合作办学带来了更多的机会和挑战。例如,在数量迅速增长的同时,如何保证中外合作办学的质量以及教育主权等,就是需要认真加以解决的问题。在这一背景下,2003年颁布的《中华人民共和国中外合作办学条例》对中外合作办学进行了进一步的规范。相比之前的政策,该条例对中外合作办学的办学性质、合作对象、机构的设立、组织管理、教育教学、资产财务及其学历认证等方面内容都做了详细的规定。该条例还规定了中外合作办学的公益性质。按照"扩大开放、规范办学、依法管理、促进发展"的方针,鼓励国内高校与国外知名大学的合作办学,引进国外优质教育资源。为配合《中华人民共和国中外合作办学条例》的实施,教育部于2004年6月发布了《中华人民共和国中外合作办学条例实施办法》,对中外合作办学设立、审批、实施等具体过程进行了规定。

第三阶段属于规范阶段。这一阶段大致从《中华人民共和国中外合作办学条例实施办法》颁布之后到2009年教育部开展中外合作办学评估。这一阶段的任务主要是对已有中外合作办学活动的规范管理。由于中外合作办学的迅速发展,在办学过程中出现了一系列诸如合法性、合规性问题,包括中外合作办学标准设置,运行机构的组建,相关制度的制定,教师和学生利益的维护,中外合作办学的招生、教学、质量监控以及证书发放,资产和财务制度是否健全合规等。为此,2004年8月教育部下发了《关于做好中外合作办学机构和项目复核工作的通知》,对中外合作办学机构和项目开始进行复核,对不符合规定的中外合作办学机构和项目予以取消。在复核的同时,对新的项目和机构的审批工作暂时放缓。可以看出,这一时期中外合作办学已经逐渐由数量发展转向规范化、合法化发展,对已有中外合作办学机构和项目的复核有利于促进中外合作办学健康、有序发展。与此同时,对中外合作办学复核过程中的问题进行了及时反馈,如教育部于2006年2月7日发布的《关于当前中外合作办学若干问题的意见》,以及2007年4月6日教育部下发的《关于进一步规范中外合作办学秩序的通知》,就总结了中外合作办学过程中出现的具体问题,特别强调了中外合作办学的公益性以及办学过程中的主权意识。在此基础上,开始强调更深入、更高层次的中外合作办学,如强调优质教育资源的引进、能力建设、质量管理等内容。

经过规范和调整,保障中外合作办学机构和项目的有序发展取得初步成效。为进一步加强对中外合作办学的规范管理,促进依法办学,提高中外合作办学水平和可持续发展能力,2009年7月15日教育部办公厅下发了《关于开展中外合作办学评估工作的通知》,对依法批准设立和举办的实施本科以上高等学历教育的中外合作办学机构和项目,以及实施境外学士学位以上教育的中外合作办学机构和项目进行合格评估。

第四阶段属于快速发展阶段。这一时期虽然没有颁布直接针对中外合作办学的政策,但2010年7月发布的《中长期教育改革和发展规划纲要(2010—2020年)》提出要进一步扩大教育开放,提高合作交流水平和质量,引进优质教育资源,这些内容推动了中外合作办学的快速发展,同时为促进我国高等教育国际化逐渐向高层次、高水平发展起到了重要的作用。

中外合作办学是我国改革开放以来,随着教育对外交流程度的不断扩大,我国在探索高等教育新模式,促进高等教育国际化发展时出现的一种新的教育形式。由于中外合作办学在引进优质教育资源,满足国内高等教育需求,促进高等教育多样化发展,加强教育对外交流与合作等方面具有重要作用,所以其发展也越来越受到重视。经过30多年的发展,中外合作办学不断完善,发展更加规范,取得了一定的成绩,成为我国高等教育国际化的一个重要组成部分。

第三节　不同国家和地区高等教育国际化政策比较

通过对发达国家和中国高等教育国际化政策发展沿革以及特点的考察可以看出,由于高等教育的发展阶段、层次与水平并不相同,不同国家高等教育国际化既呈现出各自的特点,也呈现出一些共性之处,具体表现在以下几方面。

1. 高等教育国际化的动因与侧重不同

根据对不同国家高等教育国际化政策内容的梳理可以发现,虽然高等教育国际化的内容相似,涉及的高等教育国际化内容都包含了高等教育国际化的一些基本要素,即人员流动(教师与学生的派出、留学生的招收)、国际化的教学与课程、国际化的科学研究、国际化的合作与交流以及国际化的文化交流与理解等内容。但是,不同国家高等教育国际化的表述和分类有所不同,尤其是侧重点差别较大(见表3-2)。美国的高等教育国际化政策强调教师和学生的派出、留学生的招收、语言的学习和研究以及国际化的教学研究与合作。此外,特别强调对不同国家之间的文化交流和理解。欧盟的高等教育国际化政策除了强调人员、教学和科研的教学外,更强调共同的学术标准和语言的培训与学习、学分与学位的互认、联合学历和学位的实施。中国的高等教育国际化政策更强调人才培养、队伍建设、学科建设、科学研究和国际交流。从实施国际化的动因来看,美国实施高等教育国际化更加强调政治动因,包括保障国家安全、维持全球领导力和竞争力,了解其他国家的语言、文化以增进理解,吸引优秀的留学生、人才以保证国家的领导地位等。相比之下,欧盟的高等教育国际化政策更注重学术动因,强调通过一系列学术项目和计划,建立共同的学术标准,提高高等教育质量,从而提高欧洲高等教育的吸引力。同美国和欧盟相比,中国的经济、社会以及高等教育发展都存在一定差距,因此,实施高等教育国际化的主要动因,是促进经济社会、文化以及高等教育发展,提升高等教育水平和质量。

表3-2 不同国家和地区实施高等教育国际化政策的内容与动因比较

	美国	欧盟	中国
内容	①教师、学生的派出 ②吸引留学生 ③建立语言培训和研究中心 ④教学、科研 ⑤国际合作 ⑥人才培养 ⑦文化交流与理解	①学分互认 ②学位、学历互认 ③互派教师、学生 ④联合学历、学位 ⑤语言学习与培训 ⑥合作研究 ⑦国际化课程	①人才培养 ②队伍建设 ③学科建设 ④科学研究 ⑤国际合作 ⑤中外合作办学
动因	①国家安全 ②领导力和竞争力 ③人力资源发展	①质量保证 ②学术标准 ③欧洲教育吸引力	①经济社会发展 ②高等教育发展 ③人力资源发展 ④提高高等教育质量

2.高等教育国际化及其政策具有明显的时代特征

欧盟、美国和中国的高等教育国际化政策都经历了不同的发展阶段,虽然每个阶段的内容和侧重点并不相同,但都经历了由简单到复杂,由单一到多样化发展的过程。在高等教育国际化发展初期,政策所强调的国家之间的交流更多的是以经济或政治为目的的人员互派与流动。随着全球化的发展,各国在解决人类共同问题如气候、医疗、卫生等方面的合作更加频繁,加之国际非盈利组织和机构的参与,建立更广泛的国际合作联盟以及国际合作框架变得十分必要。20世纪末,随着全球信息和科学技术的发展,贸易自由化和高等教育领域的开放使得更多的教育提供者参与进来,许多新的教育形式如远程教育、跨境教育、特许经营等也逐渐成为高等教育国际化的组成部分。21世纪以来,和平与发展已经成为时代主题,各国的高等教育政策更强调国际化在促进国际理解、加强文化的传播、沟通与交流方面起的重要作用。

总之,不同时期,尽管不同国家的高等教育国际化政策有所差异,但这些政策内容都体现了明显的时代特征。

3. 高等教育国际化是国家发展战略的重要组成部分

无论是发达国家还是发展中国家,高等教育国际化都对国家发展具有重要战略意义。二战后,美国就通过向其他国家和地区派出学生、学者等方式对其他国家的文化、语言等进行研究,以维护国家地位以及国家安全。21世纪以来,特别是"911"事件之后,为巩固美国在全球范围内的领导力,保持全球竞争力,保障国家安全,高等教育国际化在国家战略中的地位更加重要,通过与其他国家和地区政府、高校、企业之间进行合作,促进人才培养、科学研究,增强国际意识。由于美国大学具有较大的自主权,国家层面的高等教育国际化政策更多的是宏观指导、经费的支持以及有限的干预。相比美国,欧盟国家由于建立了区域联盟,因此,国际化的内容是从欧洲化这一较小范围向国际化这一更大范围逐步扩展的。欧盟高等教育国际化政策也强调增强高等教育的竞争力和吸引力,但相比美国,其政治动因相对较弱,而经济与学术动因相对较强。例如,建立欧洲共同的高等教育体系。此外,欧盟和美国都十分注重语言的作用,通过语言的培训和发展促进高等教育国际化的发展。我国高等教育国际化发展尽管经历的时间较短,但高等教育国际化一直是教育规划发展的重要组成部分,特别是随着"985工程"的实施,高等教育国际化已经成为我国实现世界一流大学建设目标的重要内容和手段。

4. 高等教育国际化发展地位不平等

由于受国家经济、社会以及高等教育发展不平衡的影响,我国高等教育国际化同发达国家相比还有一定的差距。这种差距在高等教育国际化政策中表现为同一时期高等教育国际化的内容、功能和方式的差异。二战结束以来,由于美国政治和经济优势地位的建立,美国高等教育国际化的方式以"输出"和"吸引"为主,输出包括输出语言、教育、文化和理念等。这种"输出"可以通过多种方式来实现,如派出学生、教师和学者来输出文化、价值观念以及先进的技术。同时,利用自己的优势,吸引来自全世界的人才;通过提供一定的奖学金,凭借世界一流的高等教育,吸引来自世界各地的留学生。我国的高等教育国际化尽管取得了一定的成就,但与美国、欧洲相比,仍然处于弱势和不平等地位,高等教育国际化发展仍然以"引进来"为主要形式。具体表现在派出学生、教师和学者赴发达国家和地区学习与深造,从发达国家引进专家、学者和技术等。

第四章 我国研究型大学高等教育国际化个案分析

本研究在对高等教育国际化理论文献分析讨论的基础上,总结了我国研究型大学高等教育国际化的具体要素,提出了大学层面高等教育国际化的分析框架,为分析我国研究型大学的高等教育国际化提供了参考。依据提出的分析框架,对X大学在高等教育国际化现实、问题及教师和学生感知方面的具体内容进行考察,并在研究结论的基础上提出促进高等教育国际化发展的对策建议。

第一节 研究设计

一、研究对象

本研究的对象是国家教育部直属重点大学,为我国最早兴办的高等学府之一。X大学是"七五""八五"重点建设项目学校,也是首批进入国家"211"和"985"工程建设的学校,被国家确定为以建设世界知名高水平大学为目标的学校。学校的高等教育国际化具有较长的历史,是较早实施留学生教育的高校,同时也是教育部指定的最早培养中国政府奖学金留学生的院校之一。改革开放以来,学校实施高等教育国际化的步伐不断加快,高等教育国际化的内容和形式不断丰富,随着国家"985工程"的实施,学校以建设世界一流大学为目标,以自身发展为契机,不断推动国际化向高水平发展。

X大学是一所具有理工特色,涵盖理、工、医、经济、管理、文、法、哲、教育和艺术等10个学科门类的综合性研究型大学,其师资力量雄厚,办学特色显著,办学质量一流,在国内外享有较大影响力。2018年,在世界大学学术排名(ARWU)中,X大学位于世界151~200名,国内高校中排名8~12名;2019年,在世界大学排名(US News)中,X大学位于全球356名,在国内高校位于16名;在同年公布的2019英国QS世界大学排名中,X大学位于307名,在国内高校中位于第13名。

近年来,X大学聚焦国家战略,以国家重大需求出发,瞄准国际前沿,突出自主创新,通过与世界一流大学的合作交流,不断提升科研能力和国际竞争力。同时,学校地处西部,高等教育国际化的实施带动了地区的国际交流与合作,促进了经济、社会发展。学校不断探索大学与社会发展相融合的新模式,领衔成立了"丝绸之路大学联盟",建立了与丝绸之路经济带沿线国家的教育合作平台,更好地服务"一带一路",推动了高等教育对外交流合作与创新的发展。

本研究是以X大学为研究对象,考察研究型大学的高等教育国际化。对个案的选取基于以下考虑:

首先,X大学是具有代表性的综合型研究大学,在中国高等教育领域中扮演着十分重要的角色。该校是教育部直属的重点大学,同时也是首批进入国家"211工程"和"985工程"建设的院校,能够在一定程度上反映我国高水平大学的基本情况。

其次,从学校的发展情况看,X大学的高等教育国际化活动开展较早,是教育部指定的最早培养中国政府奖学金留学生的院校之一。近十年来,在国家建设世界一流大学目标的指引下,该大学为促进高等教育国际化的发展不断努力,通过与国外知名大学建立合作关系,开展中外合作办学等多种途径不断促进高等教育国际化的发展,因此该大学在一定程度上能够反映出我国研究型大学实施高等教育国际化的现状。

最后,从研究对象的可获得性考虑。由于X大学与笔者在同一城市,因此在数据资料的收集和研究对象的访谈方面具有一定的便利性,这是访谈能够顺利开展的十分重要的条件之一。

二、研究的具体问题

高等教育国际化是世界高等教育发展的重要趋势,改革开放以来,随着对外开放政策的不断推进,我国的高等教育国际化也得到了迅速的发展,特别是"211工程"和"985工程"实施以来,高等教育国际化已经成为我国建设世界一流大学的重要途径。近几十年来,国家采取各种措施促进高等教育国际化的发展,并且取得了明显的成效,主要表现为学校对高等教育国际化的重视程度越来越高,教师和学生交流的数量明显增加,课程国际化程度不断提升,高等教育国际化的投入不断加大,高等教育国际交流合作新形式层出不穷,国际教育交流合作更加密切、频繁等方面。然而,由于我国高等教育国际化发展的时间相对较短,高等教育发展水平相对较低等多方面因素的限制,当前我国高等教育国际化还存在较多的问题。这些问题主要表现在高等教育国际化现实以及高等教育国际化的研究两方面。

从现实情况来看,当前大学的高等教育国际化政策与战略制定存在较为明显的不足,甚至在研究型大学中,也只有少数大学制定了国际化发展战略。大学之间高水平、实质性合作交流的数量较为有限,尽管国家越来越强调与国外一流大学的实质性合作交流,但由于高等教育水平、专业课程设置、文化差异等方面的问题,实质性合作交流的开展仍然较为困难。教师与学生国际交流合作的效果缺乏有效的评估,当前无论是研究性大学还是一般高校,都强调教师与学生的交流访问,但很少有大学对合作交流的效果进行全面系统的评估,而这方面的评估指标体系也并不完善。在高等教育国际化过程中,如何更好地协调国际化与本土化之间的关系,我国的高等教育国际化如何摆脱对发达国家的依附,实现高等教育的借鉴——超越式发展。这些问题都是我国在实施高等教育国际化的过程中无法回避的现实挑战。

从高等教育国际化的研究情况来看,当前国内有关高等教育国际化的研究大多是对发达国家高等教育国际化的理论梳理和经验分析,缺乏对我国大学特别是研究型大学高等教育国际化的"实然"研究;对高等教育国际化的思辨研究较多,而实证研究相对较少;从宏观层面对高等教育国际化进行的整体研究较多,从大学层面对高等教育国际化的个案研究较少。

研究型大学对于促进高等教育国际化发展,推动世界一流大学建设具有十分重要的作用。本研究针对当前高等教育国际化存在的现实问题,从现实与感知两个层面,对我国 X 大学的高等教育国际化进行分析,具体的研究问题包括以下高等教育国际化的要素:

(1) X 大学在高等教育国际化不同要素方面的表现如何?
(2) X 大学师生对高等教育国际化的认识和感知情况如何?
(3) X 大学实施高等教育国际化的动因如何?
(4) 影响 X 大学高等教育国际化的因素有哪些?

针对以上研究问题,本研究提出了大学层面高等教育国际化的分析框架。依据提出的分析框架,从现实和感知两个层面出发,分析了 X 大学高等教育国际化现实、动因以及影响因素,并提出促进高等教育国际化发展的对策建议。

三、分析框架的提出

Miles等人认为,概念框架是以图表或文字叙述的形式解释研究的主要内容,包括关键要素、结构、变量以及这些要素之间的关系。许多学者都认为高等教育国际化是一个复杂的现象,要求多层次的分析。本研究提出的分析框架基于高等教育国际化理论,试图从现实和感知两个层面出发,考察大学的高等教育国际化的内涵、要素、动因以及影响因素。

1.高等教育国际化要素

高等教育国际化是一个十分复杂的概念,由于不同国家高等教育发展的背景、环境以及所处的阶段不同,对高等教育国际化的理解和认识不同,实施高等教育国际化的动因和具体策略也不相同。对于高校而言,实施高等教育国际化的一个前提是要明确学校对高等教育国际化的理解和定位。当前,学术界对高等教育国际化并没有一个统一的界定;不同国家和高校根据自身的定位和需要,往往对高等教育国际化有着不同的认识和理解。

Knight提出的高等教育国际化定义,为高校的国际化提供了一种参考模式。由于该定义认为高等教育国际化是将国际化的维度整合到高校的教学、科研和服务中的过程,那么不同高校在教学、科研和服务方面的差异就决定了各个高校在实施高等教育国际化方面也不可能完全一致。

De Wit运用策略和组织模型来考察高等教育国际化,将大学层面实施高等教育国际化的策略分为组织策略和项目策略。组织策略是指有决断和行事能力的组织部门,为确保国际化战略的实施而制定的一系列相关政策、制度和运行机制。项目策略是与教学、研究培训咨询等内容相关的活动和关系等,包括学术项目、研究和学者的活动、课外活动及其外部关系与服务。

本研究认为,在全球高等教育交流、合作频繁的今天,高等教育国际化呈现出一定的同质性,即人员、技术、合作的全球流动,通过多样化的国际交流与合作形式实现人才培养、队伍建设、促进科技发展从而提升本国的竞争力,但同时高等教育国际化应该是保留本土的特色,满足本土的需求,通过不断创新和发展实现教学、科研以及社会服务的功能。通过对高等教育国际化概念、内涵、要素指标、策略等理论的考察,结合我国高等教育国际化的现实,本研究总结了我国研究型大学高等教育国际化的要素,具体内容包括国际化的政策、国际化的组织结构和支持系统、教学的国际化、科学研究、国际化的合作与联盟及中外合作办学六方面(见表4-1)。

表4-1 我国研究型大学高等教育国际化要素

维度	内容	具体表述
国际化的政策	①大学使命陈述 ②大学战略规划 ③国际化战略规划 ④其他有关大学国际化的官方陈述	①为什么要实施国际化 ②政策中是否有明确的国际化的长期和短期目标 ③是否有国际化战略规划,国际化战略规划与学校整体战略规划的关系怎样 ④国际化在大学规划中的优先地位如何 ⑤国际化的政策决策过程与机构是怎样的 ⑥国际化的政策和策略有哪些 ⑦政策中有哪些国际化和本土化的体现 ⑧政策反映了怎样的国际化程度和发展阶段
国际化的组织结构与支持系统	①高层领导 ②组织机构 ③基础服务设施 ④评价与监督	①是否有专门负责国际化的领导层 ②负责国际化的机构有哪些 ③国际化机构的人员构成情况如何 ④相关部门的组织架构与运行模式是怎样的 ⑤用于国际化的资金的来源及使用情况如何 ⑥国际化的基础设施和支持设施情况如何 ⑦是否有国际化的评价、问责制度
教学的国际化	课程、教学及课外活动	①国际化的维度如何融入教学过程 ②课程国际化的表现在哪些方面 ③与国际化相关的课外活动 ④有哪些与课程、学位相关的国际化项目 ⑤这些项目实施的效果如何 ⑥有哪些区域/语言学习项目 ⑦外语授课的程度如何
	国内学生国际化	①是否有年度学生交流的数量目标 ②是否有相关机制促进该目标的实现,效果如何 ③是否有相关政策、项目和支持措施鼓励学生的国际化活动 ④国内外学习的融合程度如何 ⑤出国学习项目的评估机制,评估效果以及反馈程度如何 ⑥学生国际交流的数量及变化情况如何 ⑦反映了怎样的国际交往程度
	留学生	①留学生的招收目标与实际情况如何 ②有哪些促进措施,效果如何 ③是否有留学生学术成功的保障和监督机制 ④留学生数量、国别分布情况如何 ⑤留学生招收有怎样的变化 ⑥这种变化反映了怎样的中心——边缘的变化趋势

续表

维度	内容	具体表述
教学的国际化	教师的国际化	①是否有教师出国交流的数量目标 ②教师国际交流的变化情况如何 ③是否有相关机制促进该目标的实现,效果如何 ④职称评定、员工招聘对国际化经历、背景的要求 ⑤促进教师国际化的政策和措施 ⑥教师的国际化构成如何 ⑦同世界一流大学相比具有怎样的差距 ⑧这种差距反映了学校在世界高等教育体系中怎样的位置
科学研究	①国际研究合作项目 ②国际化研究中心 ③国际会议 ④国际化论文发表	①学校签署的国际合作协议情况 ②学校的区域/国际化研究中心情况如何 ③外文期刊发表文章情况如何,有何激励机制 ④举办和参加国际会议的情况如何,有何激励机制 ⑤有哪些促进国际化研究的机会和资源 ⑥学校科学研究的变化情况怎样 ⑦与世界一流大学的科研相比有怎样的差距
国际化的合作与联盟	①伙伴关系与国际联盟 ②海外教育服务项目	①国外机构的协议和伙伴关系 ②这些协议的作用如何 ③如何促进国际合作关系的建立 ④学校的海外教育项目有哪些 ⑤这些项目的选拔措施有哪些 ⑥学校有哪些对外服务计划 ⑦这些服务计划对学校的国际化战略影响如何 ⑧学校的国际合作交往形式有哪些 ⑨近些年来有怎样的变化 ⑩这种变化反映了怎样的国际交往特点
中外合作办学	①中外合作办学机构 ②中外合作办学项目	①学校中外合作办学的政策如何 ②中外合作办学的发展和实施情况如何 ③中外合作办学机构和项目的数量如何 ④学校的中外合作办学机构和项目数在国内处于怎样的位置 ⑤中外合作办学的政策发展和机构设置体现了怎样的国际化与本土化特点 ⑥中外合作办学与国际化的关系如何

第一,国际化的政策。政策是高等教育国际化的重要内容之一。评价高校的高等教育国际化首先要看高校是否具有完备的国际化政策及其相关表述,主要体现在高校的使命陈述、国际化的战略规划以及有关国际化的相关政策文件和领导讲话中。经济合作与发展组织提出的高等教育国际化评价指标体系认为,国际化政策是评价高等教育国际化十分重要的内容。在美国教育协会提出的评价指标体系中,尽管没有直接提到高等教育国际化政策,但是在明确表述的国际化承诺指标中,分别提到了使命陈述、大学的整体规划以及国际化战略规划等内容。大阪大学提出的高等教育国际化评价指标体系也明确提出了大学的使命、目标和规划是评价高等教育国际化的重要内容。Paige 提出的高等教育国际化行为评估指标体系也将国际化的战略规划作为评价高等教育国际化的一个指标。国内许多关于高等教育国际化评价指标体系的研究中,同样也将高等教育国际化的政策作为一个重要方面。例如,李盛兵认为高等教育国际化应该包括国际化的观念与规划;陈昌贵等人提出的指标体系同样认为高等教育国际化应该包括国际化的战略规划。由此可见,通过不同形式表现出来的国际化政策应该是衡量大学国际化的一个重要方面。不同国家和大学的高等教育国际化政策和策略中都能反映出其高等教育国际化与本土化之间的关系,通过对大学政策中国际化目标、理念、策略动因等内容的分析,可以考察当前大学所处的国际化状态、发展阶段和程度,从而更好地理解大学的高等教育国际化政策、策略与现实。

第二,国际化的组织结构与支持系统。尽管分类方式不同,但在不同学者和机构设计的高等教育国际化评价指标体系中几乎都包括国际化的组织结构与支持这个维度。例如,经济合作与发展组织认为,高等教育国际化需要相应的组织机构和部门支持,为国际化提供技术、资金支持和服务等。在美国教育协会的国际化评价指标体系中,也涉及国际化的组织机构,如从事国际化的专门组织架构(如国际化办公室)及其相关人员。Paige 的国际化评价指标中也将国际化的支持机构作为国际化的一个要素。大阪大学除了将国际化运行的组织结构以及国际化的人员作为衡量高校国际化的一个指标外,还将国际化领域的专业发展与绩效考核和高校问责制度列为国际化组织和支持结构的一部分。中国学者提出的大学国际化评价指标中,有的直接指出了大学的国际化的组织机构设置；有的则将国际化的保障、国际化的相关条件与设施以及国际化的信息作为评价指标体系的一部分，这些内容都可以作为大学实施国际化的支持系统来考虑。不同学者和机构提出的高等教育国际化评价指标体系都不同程度地涉及国际化的组织结构与支持系统，包括学校设立的国际化机构或部门的数量、在这些机构或部门中任职的专职人员数量、机构或部门的组织架构和运行模式，以及包括大学实施国际化的资金来源、分配及使用情况，国际化的基础设施和服务设施等在内的国际化的支持体系。由于评价和监督机制是高等教育国际化正常运行与良性发展的重要支持与保障，也是促进高等教育国际化发展的必要环节，因此本研究将国际化的监督和评价机制也列入高等教育国际化组织结构与支持系统维度中进行考察。

第三，教学的国际化。首先，教学是大学最主要的职能之一，也是人才培养的主要方式，大学通过课程、教师以及学生国际交流与合作等国际化教学形式，拓宽人才培养渠道，提高人才培养质量，从而最终实现人的全面发展，因此从这个角度来看，教学的国际化是构成高等教育国际化的重要方面。其次，世界体系理论以及依附理论在高等教育领域的应用也为分析大学高等教育国际化过程中的不平等现象提供了理论依据和分析视角，例如，国际学生流动网络就体现了世界高等教育体系中的中心和边缘关系，具体表现为学校招收留学生数量的差异；而高等教育机构中教师的国际化构成从一定程度上也反映了处在中心和边缘的高等教育机构在师资力量、人才吸引力以及教育资源方面的差距。再次，教学国际化过程中的具体活动，包括学生与教师的合作与交流，以促进学生、教师、教学、课程发展为目的国际合作项目等，都属于国际交往的具体形式，依据马克思世界历史理论，交往带来了生产力的迅速发展，促进了世界历史的转变，使不同国家之间的依赖与影响日益加强。同样，高等教育交往在世界范围内的扩展促进了高等教育一体化和国际化的发展，因此，考察大学中教师与学生的国际交往程度，可以反映大学的国际化程度，成为大学高等教育国际化研究的一个重要内容。

不同学者和机构提出的高等教育国际化评价指标体系对教学国际化的考察方式不尽相同，归纳起来，主要包括以下几方面：国际化的课程与教学，国内学生的国际化，留学生、教师的国际化。课程与教学的国际化主要表现在课程设置,教材使用,与国际化的教学相关的学位项目,教学与课程以及项目实施的效果等方面;国内学生的国际化主要从学校是否制定了学生交流的数量目标,有何相关政策、项目和支持措施来鼓励学生开展国际交流,国内外学习的融合情况,以及对学生国际化交流项目的评价等方面考察;留学生情况主要从招收的数量、目标以及实际情况,具体的促进措施及效果,留学生学术成功的保障和监督机制,留学生与本土环境的融合情况等方面考察。教师的国际化主要从教师的国际交流数量,促进教师国际化的相关政策、体制和机制,与教师职业发展相关的国际化政策,教师的国际化构成,外籍教师的数量等方面考察。

第四,科学研究。在科学技术迅猛发展的今天,国家之间的竞争也表现为经济、科技以及综合国力的竞争。随着国家经济、社会的不断发展,我国的科研水平也不断提高,根据2016年1月美国国家科学基金会发布的《美国科学与工程指标》报告显示,中国已成为不容置疑的世界第二研发大国,其中一个突出的表现为发表的《科学引文索引》(SCI)论文数量不断增加。2014年,中国发表的SCI论文数量排在世界第二位,尽管与上一年相比,发表论文数量排名并未发生变化,但论文被引频次不断增加,体现了科技论文的质量不断提升。科技论文数量和质量的提升体现了国家对科技发展的重视程度。科学研究是大学的基本职能,高校特别是研究型大学的科学研究越来越成为推动经济、社会发展的的重要力量。因此,将国际化的维度整合到大学的科研过程,通过加强科学技术的国际合作与交流,不断提升我国科研水平和创新能力,是当前高等教育国际化的一个重要内容。虽然我国的科技论文数量和质量不断提升,但科研以及学科发展整体水平同发达国家的一流大学相比仍然存在一定的差距,这种差距同样也反映了世界学术体系的中心与边缘关系,因此考察大学的科研情况、在世界学科体系中所处的位置,以及大学由边缘向中心转变所做的努力,都是高等教育国际化研究的重要内容。

从高等教育国际化指标构成来看,科学研究已经成为许多国家高等教育国际化的重要内容,但不同国家的侧重有所不同。总结起来,国际化的科学研究主要包括大学签署的有关国际合作研究协议,成立的相关研究中心,促进国际研究与合作的资源,国际化的科研成果,举办和参加国际会议的情况及相关的激励机制等方面。其中,国际化的科研成果主要考察在国际期刊发表的论文情况,促进国际研究与合作的资源主要从资金和信息两方面来考察。

第五,合作与联盟。大学通过建立友好关系,加强合作联系,促进交流往来,形成国际联盟等国际交往形式促进高等教育国际化的发展。国内外高等教育国际化指标中也包含不同类型的国际合作交往形式,这些形式概括为合作与联盟维度,包括与国外大学签署协议、备忘录等建立的伙伴关系,学校的海外教育项目、对外服务计划等。国际化的合作与联盟是大学实施高等教育国际化的基础和前提,大学通过高层访问,建立友好关系,签署合作协议来促进人员交流、学生培养、科学研究。考察国际化的合作与联盟,一方面要看大学建立的合作关系和签署的协议数量,以及项目的实施情况和效果,另一方面,随着教育服务贸易的发展,越来越多的高校通过海外教育服务项目来实现跨境教育,因此也要看大学提供跨境教育服务的情况。

第六,中外合作办学。中外合作办学是中国高等教育的一种特殊办学形式,是高等教育国际化的重要内容之一。中外合作办学可以被认为是一种跨境教育形式,但是又不同于一般意义上所说的海外分校、特许经营等办学形式,大学的海外分校从教学方式、设立形式等均是在不同国家的移植和再现,并非强调大学之间的合作,而中外合作办学更多地强调合作双方在合作中的地位,强调教学方式、校园文化、教学理念以及管理体制的融合。中外合作办学既可以以项目的形式存在,又可以以办学机构的形式存在。本研究在考察大学的高等教育国际化时,将中外合作办学作为一个独立的内容进行讨论,主要考察中外合作办学的政策、实施情况、与国际化的关系以及教师感知的情况。由于中外合作办学是国内大学同国外大学合作共同举办的一种特殊的办学形式,因此,中外合作办学在政策、组织机构设立以及课程设置等方面都体现了国际化和本土化的特点,对中外合作办学的分析能够更好地理解和把握大学的高等教育国际化现实,协调国际化与本土化的关系,从而不断提高自身的高等教育国际化水平。

高等教育国际化可以通过活动、过程、能力和精神气质等方法进行考察,其中过程方法是构建高等教育国际化模型的一个常见的方式。从过程角度研究高等教育国际化的文献也很多,一些学者认为高等教育国际化是一个递进的过程,这个过程中,不同的国际化动因决定了高等教育国际化的实施策略以及效果。Van der Wende 也从过程视角出发,构建了高等教育国际化模型,该模型认为高等教育国际化过程包括三个要素,即战略和目标、国际化的实施以及效果,这三个要素之间呈递进发展的模式。其中战略和目标可以看作是对大学实施高等教育国际化的规划,主要通过大学政策来考察,而国际化的实施(implementation)则主要考察学生流动、人员流动和课程开发三个方面。高等教育国际化效果(effects)分为长远效果和短期效果,长远效果主要考察高等教育国际化对提高教育质量,促进国际化成果以及提高大学地位方面的作用;短期效果主要考察对学生、教师以及教育的影响。对高等教育国际化效果的评估有助于大学重新定义其目标、战略,从而促进高等教育国际化的发展。尽管 Van der Wende 构建了高等教育国际化的过程模型,但他指出,该过程模型仅仅关注国际化的教学方面,并不包括其他如研究、技术支持等内容,并且认为该模型仅仅通过正式的政策文件来考察高等教育国际化的动机,因此其范围相对较窄。

Knight 的国际化循环模型也是从过程的角度来分析大学的高等教育国际化,尽管同 Van der Wende 的高等教育国际化模型不同,Knight 的国际化循环模型包括六个阶段,但这六个阶段可以概括为国际化的规划、实施和效果三方面。

Zhan Yu 构建的高等教育国际化理论模型中包括情境分析、国际化的实施和效果三个方面,其中情境分析主要从大学实施高等教育国际化的动因方面来考虑,而实施方面主要考察大学的战略规划、目标以及实施策略和组织因素等内容;国际化的效果主要从学生的学习和国际化活动和机构的策略两方面考察。同样,大学的国际化评估结果则通过反馈进一步影响其实施国际化的动因。

基于过程视角的高等教育国际化理论,我们将高等教育国际化的六个要素划分为规划、实施以及效果三方面。其中,规划是指国际化相关政策中对高等教育国际化目标、战略以及策略的规定。实施主要考察高等教育国际化策略的实施和运行过程,包括高等教育国际化过程中的组织因素、体制机制以及支持系统。效果主要从教学、科研、合作与联盟以及中外合作办学来考察。学校政策为高等教育国际化的实施提供了具体的依据和规划,而国际化的组织机构以及支持系统是保障高等教育国际化效果的组织要素,对高等教育国际化的效果的评价以及反馈又影响国际化目标和策略的制定与调整。

2.高等教育国际化的分析框架

本研究以高等教育国际化理论为基础,结合我国高等教育国际化现实,提出了大学层面的高等教育国际化分析框架(见图4-1)。该分析框架首先确立了我国研究型大学高等教育国际化的六个要素,包括政策、组织机构与支持系统、教学、科研、合作与联盟以及中外合作办学。不同国家高等教育国际化内涵及其指标的研究,是高等教育国际化要素构成的理论依据;其次,在提出的高等教育国际化要素的基础上,对大学的高等教育国际化现状、大学实施高等教育国际化的动因及影响因素进行分析。一些学者认为,尽管不同的高等教育国际化模型呈现了高等教育国际化过程中的不同阶段以及这些阶段之间的联系,但是这些研究存在着一定的不足之处,忽略了对国际化过程中参与者的考察,仅仅依据高等教育国际化的政策、策略来构建国际化的过程。高等教育国际化过程的发展以及高等教育国际化策略的制定是基于国际化参与者之间以及这些参与者与环境的互动而实现的,而这种主观能动的理解政策过程,在已有的国际化过程模型中并未体现,Trowler强调,在政策实施过程中参与者特别是他们感知的重要性。Bleiklie也认为,在政策过程中,缺乏对个体的关注同样导致政策与实践的分离。因此,本研究的分析框架除了通过对高等教育国际化的具体要素及其相互关系的分析来考察大学实施高等教育国际化的现实外,还力图从教师和学生感知出发,分析大学高等教育实施国际化的动因和影响因素。

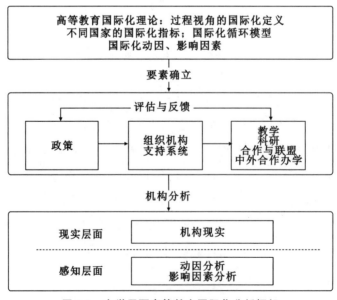

图4-1 大学层面高等教育国际化分析框架

四、研究范式与方法

1. 质性研究范式

社会科学发展到今天形成了许多研究范式,不同研究范式之间的争论也从未停止,这些争论涉及不同研究范式在本体论、认识论和方法论等方面的认识差异,以及在处理和解决"是什么""为什么"以及"怎么做"的问题时的不同。量化研究是以实证主义为理论基础,在本体论上认为社会现象是客观存在并可以被主体所认识的,因此在方法论上应采取科学、理性的工具探索事物的内在规律,对预先假设进行验证;而质性研究是以批判实证主义为基础,在本体论上认为,我们只能部分地获得对事实的了解,或者认为对事物的认识是一个互动理解的过程。质性研究是以对研究对象活动的深层次揭示作为自己研究目标的研究范式,重点在于探讨事物之间的差异性特征而非一般性特征,并且其目的是为了揭示事物的独特价值,从而丰富人们关于事物多样性的理解。在研究目的上,质性研究和量化研究也有区别,质性研究旨在解释社会现象,而量化研究旨在确定关系、影响和原因。

本研究关注的大学层面的高等教育国际化,研究的目的并不是为了研究高等教育国际化现象之间的联系和普适的规律,也不期望将从特定研究对象身上获得的结论推广到其他个体,而是希望通过对个案的深入分析,探寻X大学实施高等教育国际化的策略、现状和问题,以及通过对教师和学生的访谈,解释实施高等教育国际化背后的动因和影响因素,从而能够从促进X大学高等教育国际化的发展,为其他高校的研究提供参考。从这个意义上,本研究更适合采用质性研究的方法。

2. 个案研究

个案研究是社会科学研究领域十分常用的一种研究方法。对个案研究的定义也十分丰富,有学者认为,只要是对一个有界限的系统,如一个方案、一个机构、一个人或一个社会单元做翔实、完整的描述和分析就是所谓的个案研究。该定义是从研究的对象出发对个案进行定义的。另外有学者则从方法论的角度对个案研究进行定义,认为个案研究是通过多重资料来源,对当前生活脉络的各种现象、行为和事件所做的一种探究式的研究。个案研究遵循一定的实施程序,在不同的研究领域,个案实施的程序也有所不同。Robet从人类学、社会学的角度提出了个案研究的实施程序,即确定问题、设计方案、收集数据、分析数据以及撰写个案研究报告。个案研究通过许多具体的方法收集数据,包括观察、访谈、文件查阅和网络资源等。个案研究也是高等教育研究领域普遍使用的研究方法,是相对较小范围研究常用的经典研究方法。Yin对个案研究特有的优点进行了详细的阐述与总结。他认为,当研究者在现实生活环境中探究当下所发生的事情,并对事情发展的控制十分有限的时候,研究者会提出有关"怎么做"和"为什么"的问题,这时个案研究就是一种十分适用的方法。但是个案研究也具有其自身的局限性,如个案研究的过程十分耗时,并且个案研究的结果并不一定能够推广到更多的案例中,因此不具有普遍化的作用。

个案研究作为质性研究的一种,更强调细微的差别、时间背景的顺序性和个体的完整性,作为一个有界限的系统,个案的界限强调个案与个案之间以及与环境之间的区别,即强调个案的独特性。系统则强调个案的组成部分构成一个相对自成一体的单位,系统的各个要素和部分并不是一系列特征简单的集合,而是具有整合的性质,更注重情境中各个因素之间的关系,试图发现有限脉络中要素之间的互动关系。本研究中,将大学作为研究个案,是因为每一所大学的高等教育国际化都是独特的,不同大学的高等教育国际化政策并不相同,实施高等教育国际化背后的理念和动因也存在差异,因此实施国际化采取的策略也不同。由于一系列内部和外部因素的影响,高等教育国际化的效果也不同。因此,对个案的独特性进行详细的描述,研究者可以接收新的本土理解,并回应已有的研究,从而发展出新的理解。

质性研究方法包括民族志、访谈、观察、实务分析、叙述研究与口述史、行动研究、文本分析、历史研究等。访谈法分为结构型访谈(structured interview)、半结构型访谈(semi-structured interview)以及非结构型访谈(unstructured interview)。结构型访谈对问题和答案都有严格的控制,类似于问卷调查,并深度挖掘行动的意义和个体差异;非结构型访谈没有固定的问题,通过被访者的谈话来确定重要的问题;在半结构型访谈中,访谈者对访谈内容与问题有一定的把握,并可以根据谈话的内容随时调整,这样可以使被访者按照自己的思路回答问题,具有更大的发挥空间。

本研究主要采用半结构化访谈法收集数据。在进行访谈之前,笔者已经对相关领域的研究理论和文献进行了梳理,形成了明确的研究目的和研究方向,但同时又希望给被访者更多的空间来表达自己对问题的理解和认识,因此,采取半结构化的访谈方式,由访谈者的提问带动研究议题,可从被访者身上获得更丰富、详尽的可用于质性分析的材料。

  本研究的访谈对象是X大学的教师和学生。由于教师是大学实施国际化的主要力量,国际化各个维度的实施都离不开教师的参与,教师在国际化战略制定、人才培养、学科发展、科学研究、队伍建设等各方面都具有重要的作用,同时教师还在一定程度上影响学生的国际化活动。所以教师对国际化的理解和感知从一定程度上能够反映学校的国际化现实。此外,由于学生是国际化的主要参与者,特别是建设世界一流大学目标提出之后,随着学校国际化活动的丰富,研究生参加国际交流活动、国际会议以及在国际期刊上发表论文的数量也越来越多。为了从不同角度考察学校实施国际化的现实和影响因素,本研究也选取了一定数量的在校研究生作为访谈对象,以考察X大学的国际化实施情况。本研究选取了X大学的20名师生进行访谈,其中,专职教师10人,行政管理人员7人,研究生3人。教师分别来自于工学、管理学、法学、文学等多个学科门类,有5名教师同时担任所在学院的院长或副院长职务。7名行政管理人员中有3人担任所在部门的部(处)长或副部(处)长职务(见表4-2)。

表4-2 访谈对象背景

序号	身份	行政职务	序号	身份	行政职务
A	教师	无	K	行政	副处长
B	行政	无	L	教师	副院长
C	教师	无	M	行政	院长
D	行政	无	N	行政	副处长
E	教师	无	O	教师	院长
F	教师	无	P	行政	无
G	教师	无	Q	行政	无
H	教师	副处长	R	学生	无
I	教师	副院长	S	学生	无
J	教师	院长	T	学生	无

  访谈的地点选在被访者熟悉的教师办公室或餐厅,用于消除被访者的紧张心理,同时安静的空间可以避免外界的干扰,有助于访谈过程的顺利进行。访

谈时间一般控制在 1 小时之内，访谈者在开始访谈之前向被访者介绍访谈的目的和主题，并向被访者明确该访谈的匿名性。在征得被访者同意之后，进行全程录音，并在之后对访谈的内容进行转录、整理和分析。

本研究除了通过半结构化访谈的方法获取所需要的数据外，还通过收集政策文本和网络资源获取研究资料。其中政策文本来源于教育部、高校等相关网站不同时期发布的有关高等教育国际化以及中外合作办学等的相关法律、条例、规范和通知等以及大学编制出版的年鉴、档案文件等，主要包括 X 大学的使命陈述、大学章程、大学"十二五"发展规划，以及近三年内学校发布的重要文件和领导讲话。本研究使用的网络数据来源于教育部中外合作办学涉外监管平台发布，且经审批和复核的、高等学历教育层次的中外合作办学机构和项目的数据。

本研究采用的一个主要的分析方法是文本分析。文本分析是在释义学、现象学、符号学等基础上建立起来的一套理解事物"文本"的研究方法。一般说来，文本解读的对象只能是经典，但在院校研究或区域高等教育发展研究中遇到的学校发展规划、学校历史发展材料、地区教育发展规划等则属于比较特殊的文本，分析这些文本材料也可以采用文本分析方法。文本解读的过程是研究者与文本产生互动的过程。随着对文本内容的理解，研究者的思想认识逐渐得到完善从而形成对文本整体脉络的深刻把握。曾荣光认为，公共政策作为一个文本，其本质是社会建构的现实。因此，对政策文本的研究就是要对政策文本的阐释和建构过程进行研究，这种方法属于诠释学的范围。他将文本的阐释研究归纳为三个问题，即文本作为一种经固定化的话语，它背后蕴含的意义与统一性是什么？意图通过文本表达的意义是什么？文本所指谓或尝试呈现的是怎样的一种现实世界？本研究的文本内容主要是高等教育国际化政策文本内容以及对教师和学生访谈录音整理的文本，通过对文本内容的分析，考察研究型大学高等教育国际化的政策情况、实施动因、影响因素及教师和学生的感知情况。

本研究除了主要采用访谈法和文本分析法，还结合了文献计量法，描述统计以及历史研究方法，并运用 SPSS 统计分析软件和 Nvivo8.0 质性研究软件对搜集的数据进行分析。"文献计量法是一种以各种文献外部特征为研究对象的量化分析方法，借助文献的各种特征数量，采用数学与统计学方法来描述、评价和预测科学技术的现状与发展趋势,研究的对象主要是文献的外部形式特征,适用于有实体形态的科学文献,比如具有著者、引文、词汇等文献特征的部分"。本研究运用文献计量法对国内外的文献进行分析,并通过作者、引文和关键词等信息,总结了已有文献的特征。

此外,在对中外合作办学的数据进行分析时,本研究采用 SPSS 统计分析软件,对不同变量进行命名、赋值,并简单统计了不同变量的频次和百分比,对当前中外合作办学的现状进行描述。在分析政策文本时,本研究借助 Nvivo 8.0 质性研究软件,对已有内容按照意群或关键词进行编码,并将相同的编码进行归类,通过分析不同编码出现的频次,以及编码内容所占的文本覆盖率来分析政策强调的内容与倾向。在对访谈数据进行分析之前,需要将收集的数据进行转录和整理,同时补充访谈时没有被记录下来的信息。对访谈资料进行分析时,本研究采取分类分析的策略,即对访谈内容进行不同层次的编码,并按照概念和主题从他们所处的情境中抽取出来进行分析。

3. 信效度与研究伦理

传统的实证主义量化研究将"信度"和"效度"作为判定研究质量的一个标准,其中"信度"是指研究方法、程序、结果的可重复性。"效度"解释的是变量之间关系的真实程度。"信度"和"效度"的概念和评判标准尚未在质性研究领域达成一致。就"效度"而言,由于与量化研究的范式不同,质性研究关注的不是客观的分类计量、因果假设或统计推论,而是人们在特定文化情境中对社会事实的重新构建以及经验和解释,所以很难用"效度"来判断。由于"信度"是考察研究的可重复性,对于质性研究,强调研究者个人的独特性和唯一性,即使是同一地点、同一时间、就同一问题、对同一人群所做的研究,其结果也可能由于研究者的不同而有所不同。因此,质性研究的质量更多地通过"可靠性""真实性"以及"可信性"来衡量。也就是说,研究者从自身的经验出发,考察质性研究中可能出现的对可靠性造成的威胁,通过不断地"反思"研究者与被研究者之间的关系,研究者的角度和资料解释之间的关系,以及被研究者与文化、政治、经济、历史脉络之间的关系等,提高研究的"可靠性"。

由于质性研究关注研究者与被研究者之间关系对研究本身的影响,所以从事研究工作的伦理规范对于质性研究来说十分重要。质性研究的伦理道德问题贯穿于整个研究过程,涉及研究者本人、被研究者群体、研究者的职业群体等多方面的人群。本研究中,笔者力求最大限度地遵循研究规范和道德。首先,遵循研究过程中自愿和不隐蔽的原则,对受访者公开研究者的身份和研究目的;在征得受访者同意的情况下,对受访者进行访谈并进行录音。其次,尊重受访者的个人隐私,并对其信息保密。在研究结果的公开信息中,对受访者进行匿名处理,并省略任何可能暴露受访者信息的内容;受访者的信息与资料及其回答都将严格用作研究用途,避免其他用途的外泄。再次,在访谈的过程中,充分尊重受访者的意见,避免研究者自身的倾向与观点对受访者造成引导与干扰,使受访者在平等关系中建立对研究者的信任,能进行非常独立的思考与表达。最后,遵循公平回报的原则,笔者对受访者的配合与贡献始终心存感激,并通过分享研究成果、倾听被访者的感受和意见来给予回馈。

第二节 研究结果

随着高等教育国际化的发展,我国高等教育国际化的研究成果也越来越丰富,特别是近些年来,反映我国高等教育国际化发展变化的文献也越来越多。但是,在国内有关高等教育国际化的研究中,从"实然"的角度出发,在学校层面深入研究高等教育国际化的政策、现实以及教师和学生感知的文献仍然十分有限。因此,本研究以X大学为研究对象,依据提出的大学层面高等教育国际化分析框架,从政策、组织机构与支持系统、教学、科研、合作与联盟以及中外合作办学等六方面考察X大学实施高等教育国际化的现状;分析该校的高等教育国际化和本土化关系、高等教育国际化中的依附与不平等现象,以及国际交往和多元互动的现实;通过对教师和学生的访谈,深入分析其实施高等教育国际化的动因和影响因素。

一、X大学高等教育国际化现实

(一)高等教育国际化政策

大学的国际化政策是指与大学使命、目的、价值和功能相关的国际维度的内容,包括大学的使命陈述、对外交流、招收国际学生、国际联系与合作、跨境教育和国际学术休假等相关政策。不同的大学,由于自身发展情况、所属定位以

◇ **第四章　我国研究型大学高等教育国际化个案分析** ◇

及所处地区等差异,在国际化政策的制定和实施方面也并不相同。其中实施国际化战略是较为普遍的做法,目前对于国际化战略的研究很多,并没有统一的定论,研究的角度也并不相同。从类型上来讲,国际化的战略具体可以分为制度性战略规划、文本型战略规划,以及部门战略规划;从内容方面又可以划分为学校定位和愿景、背景分析、目标与途径和绩效评价四方面。也有一些学者从大学规划的战略模式出发,将大学国际化的战略分为使命陈述、背景分析、战略目标、途径以及组织结构五方面的内容。尽管国际化战略的类型不同,但使命陈述始终是十分重要的内容。大学的使命包括大学的哲学与宗旨两方面的内容,尤其反映了大学的价值观、信念、行为准则以及大学期望的类型。大学使命同时也是承载国际化定位的重要载体,为国际化的发展指明了方向。大学章程是由大学权力机构制定的治校总纲领,在大学发展中起着重要的作用,属于学校政策的一部分,因此章程中的国际化内容反映了大学对国际化的重视程度。由于我国大学整体对章程的认识和实施起步较晚,一些学校尚未形成完整的章程规定,在已有的研究中,也很少讨论大学章程和高等教育国际化的关系。但是章程的重要内容之一就是对大学使命阐释,通过对这些内容的考察,同样可以看出大学对高等教育国际化的理解和认识。Moats-Gallagher 等人指出,国际化规划是高校对国际化的一种书面承诺形式,包括国际化的目标陈述、使命和愿景陈述、实施活动、分配的资源、时间节点以及行动指标等。发展具体、综合的国际化规划对于大学十分重要,因为该过程可以激励各利益相关者参与到国际化活动中。通过表达学校的投入,设定学校目标,促进和激励利益相关者参与国际化活动的方式来推动学校国际化目标的实现。

考察 X 大学国际化政策时,主要分析大学的使命陈述、学校的战略发展规划、国际化战略规划、大学章程以及其他政策文件和校领导重要讲话等政策文本,并通过与其他同类"985 工程"大学进行对比来考察 X 大学高等教育国际化政策内容。

1. 大学的使命陈述和章程

使命陈述中规定了大学的目标和发展方向,因此对使命陈述内容的考察能够反映国际化在大学中的定位和重要程度。X 大学的使命是致力于培养崇尚科学、求实创新、勤奋踏实、富有社会责任感和高尚品质的杰出人才,保存、创造和传播知识,为中国乃至世界科技进步、社会发展和人类文明做出重要贡献。愿景是在人才培养、科学研究和社会服务方面保持领先,创造卓越成就,到本世纪中叶,把学校建设成为大师名流荟萃、莘莘学子神往、栋梁之材辈出的世界一流研究型大学。愿景和使命陈述中,虽然没有直接提及国际化的表述,但是清晰阐述了学校到21世纪中叶,建成世界一流研究型大学的目标。在"十二五"期间,学校国际化的目标是建成世界知名研究型大学,而随着学校国际化的发展,国际化水平的提高,学校的目标定位也做出了相应的调整。

建设世界一流大学是学校整体的发展目标,也是学校实施国际化的指导思想。这一建设目标一方面是国家实施"985工程"以来对研究型大学的要求,另一方面也反映了学校自身的定位。建设世界一流大学的目标要求学校的人才培养、教学、科研、师资队伍等达到与世界一流大学同等或可比较的水平,同时国际化也是衡量世界一流大学的标准之一,因此只有通过国际化办学,提高学校国际化的水平和程度,才能实现建设世界一流大学的目标。

大学章程是学校政策的一部分,能够反应大学对国际化的重视程度。2013年以来,教育部陆续通过了各研究型大学的章程,2014年9月公布了X大学的章程。章程内容对大学的使命和愿景、大学的性质、名称、职能、权利、主体、治理结构、校友与资产等内容进行了规定,这些内容中不同程度地涉及了高等教育国际化。首先,除了在大学使命和愿景中提到建设世界一流大学的目标外,在总则中又一次重申了学校的建设目标。其次,章程规定了学校在开展与境内外大学、科研机构和企业等交流与合作方面享有自主权。再次,在对教师权利、义务规定的同时,强调鼓励和支持教师开展国际学术交流合作。最后,章程在治理结构中对高等教育国际化的内容涉及较多,提出校长的职责是组织开展人才培养、科学研究、学科建设、队伍建设、国际合作、社会服务、校园建设、管理运行等各项活动;学术委员会职责的一部分是审议学科、专业及教师队伍建设规划以及科学研究、对外学术交流合作等重大学术规划。此外,对开展中外合作办学、赴境外办学、对外开展重大项目合作等重大事项的决策提出咨询意见。在对学校人才培养与科学研究机构的规定中也提到各学部的职责是组织开展相关学科领域的人才培养、科学研究、学科建设、国际交流和行政管理等工作;学校积极与地方政府、企事业单位和境外机构开展合作,联合设立研究院等研究机构,开展合作研究、技术开发与社会服务等活动。

章程的这些内容涉及 X 大学实施高等教育国际化的目标,高等教育国际化活动的主要参与方以及支持机构,为大学实施高等教育国际化提供了政策支持。

2. 大学的国际化战略规划

随着高等教育国际化的发展,越来越多的大学制定国际化战略规划,促进自身的国际化发展。在英美等较早引入战略规划的国家中,有超过七成的大学制定了国际化战略,其中相当大比例是研究型大学。实施国际化战略对于研究型大学国际化的发展具有十分重要的意义,也越来越受到大学的重视。尽管当前我国研究型大学国际化得到了很大的发展,但很少有高校制定完备的国际化战略及发展规划。39 所"985 工程"大学中,仅有两所高校出台了国际化战略规划。同大部分"985 工程"大学一样,X 大学的国际化战略规划也处于空白状态。因此,通过分析 X 大学"十二五"发展规划中有关国际化的表述来考察 X 大学的国际化政策。在分析 X 大学国际化政策时,采用质性研究软件 Nvivo 8.0 对相关的政策文本进行分析,其原理是将政策文本内容按意群或相同表述进行编码,不同的编码代表不同的维度和层次,通过对这些维度的总结和分析,可以将政策文本归类分析,通过统计国际化不同方面内容在整个政策文本中的覆盖率以及出现频率,考察政策强调的内容和重点。

在 X 大学的"十二五"发展规划中,国际化的内容覆盖率占到了 17.72%,这些内容主要包括国际化的目标、国际化的学科、国际化的科研、国际化的队伍、国际化的人才培养、国际化的战略与合作、国际化的校园和氛围以及国际化的人事制度等八方面。其中国际化的人才培养包括培养体系的构建、国内学生和留学生培养等三方面。表 4-3 显示了不同维度国际化内容在整个"十二五"规划中所占的比例。

从表中可以看出,人才培养是整个国际化内容中覆盖率最高的部分,国内学生培养、留学生培养以及人才培养体系三方面的覆盖率约占 5.54%;国际化的队伍建设约占 2.82%,国际化合作约占 2.45%,科学研究的国际化内容约 2.40%,学科布局的国际化内容约为 2.35%,这些内容都是属于国际化的实践维度。"十二五"发展规划中涉及的理念维度包括国际化战略,约占 0.58%,国际化的氛围覆盖率约占 0.35%,国际化的校园覆盖率约占 0.26%。

表4-3　X大学"十二五"发展规划国际化内容分布

维度	覆盖率	参考点
国际化目标	0.38%	4
国际化的学科	2.35%	11
国际化队伍	2.82%	8
国际化的科研	2.40%	9
人才培养体系	3.91%	13
国内学生培养	0.87%	4
留学生培养	0.76%	1
国际化合作	2.45%	2
国际化战略	0.58%	1
国际化氛围	0.35%	1
国际化校园	0.26%	1
人事制度	0.59%	2
总计	17.72%	57

通过将相同维度的国际化内容进行整合,并按照国际化内容所占比例大小排序,可以反映高等教育国际化政策中强调的重点。本研究搜集了已公布的33所"985工程"大学的"十二五"规划,并对比了X大学与这些"985工程"大学"十二五"规划中高等教育国际化的内容。根据对33所"985工程"大学"十二五"规划中有关国际化的内容的分析,将国际化的内容划分为不同的维度,通过考察具体维度是否在33所大学中出现而统计该维度的频次,并按照统计的频次进行排序,所得结果见表4-4。

从X大学"十二五"规划与其他"985工程"大学"十二五"规划的对比可以看出,X大学与其他"985工程"大学的国际化内容有一定的相似性,都包括实践和理念两个层面内容,并且国际化的政策都强调实践维度而忽视理念维度。在33所"985工程"大学的国际化政策中,都涉及国际化的合作与交流,该维度出现的频率最高。X大学的合作交流所占比例只有2.45%,但是在所有国际化维度中比例相对较高。同其他"985工程"大学一样,人才培养是国际化内容中最重要的部分,除此之外,X大学的国际化更注重队伍的建设,其次是科研的国际化以及学科的国际化。而其他"985工程"大学中,涉及内容较多的是学科的国际化,之后才是队伍和科研的国际化。此外,许多"985 工程"大学的"十二五"规划中都提到了中外合作办学,而 X 大学的"十二五"规划并未直接提到中外合作办学。在理念维度方面,X 大学提到了国际化的校园文化氛围、国际化战略以及国际化目标以及国际化的人事制度,但是这些维度所占的比例都相对较低。"985 工程"大学国际化的理念层面除了强调国际化战略和国际化文化氛围外,也涉及国际化的能力和国际化的理念和意识,但这些维度在 33 所大学中出现的频率也相对较低。

表 4-4 X 大学与其他"985 工程"大学"十二五"规划中国际化内容比较

X 大学	所占比例	33 所"985 工程"大学
人才培养	5.54%	合作交流
队伍建设	2.82%	人才培养
合作交流	2.45%	学科国际化
科研国际化	2.40%	队伍建设
学科国际化	2.35%	科研国际化
校园/文化氛围	0.61%	中外合作办学
人事制度	0.59%	国际化战略
国际化战略	0.58%	体制机制
国际化目标	0.38%	文化氛围
		国际化能力
		理念/意识

可以看出,同其他"985 工程"大学类似,X 大学的高等教育国际化政策更强调实践层面的维度,包括人才培养、队伍建设、合作交流、科研及学科的国际化,其中人才培养和队伍建设是国际化发展中最重要的两个方面。不足的是,X 大学的"十二五"规划中并未直接涉及中外合作办学的内容。理念层面,仅强调国际化的战略、目标和校园氛围,而忽略了国际化意识和理念的内容。

3. 重要政策文件和讲话

除了大学的使命陈述、章程和"十二五"规划外,不同时期学校领导的重要讲话和工作报告也可以作为国际化政策的一种形式,反映出学校在实施高等教育国际化方面的考虑。本研究选取了近三年学校的一些重要文件和领导讲话来分析 X 大学高等教育国际化的内容(见表 4-5)。

表 4-5　X 大学的文件和领导讲话中国际化内容

类型	年份	内容	具体举措
文件1	2013 年	提高教学质量	吸引知名教授，与国际知名高校建立本科生和研究生交流平台，推动学生出国学习和实习，扩大来校攻读学位的国外学生规模
		提升教师队伍水平	加大青年教师的培养，加强高层队伍建设，促进高水平国际化团队建设
		增强学科竞争力	开展一流学科的国际评估
讲话1	2013 年	提高人才培养质量	突出国际交流与合作，推进研究生教育的国际交流与合作
		提升队伍建设水平	采用世界一流大学通用的教师招聘制度
		增强科技竞争力	汇聚具有国际水平的学科带头人和学术骨干
		扩大对外交流合作	与知名大学进行实质性合作，签署合作协议，成立高水平、国际化的联合研究中心
讲话2	2013 年	形势分析	与世界一流大学的目标差距，学科排名
		提升教师队伍水平	重要性阐述，教师招聘制度的国际标准（终身职轨道制）
		国际化办学	国际化重要性和必要性阐述，国际化途径分析，国际化的目标，人才培养的国际化，教师队伍的国际化，科研的国际化
报告1	2013 年	推动人才队伍建设	教师招聘制度的国际标准，组建高水平国际化学术团队，加大青年教师国际化培养力度，建设国际化团队
		提升学科水平	通过建立新的学院，探索高等教育国际化的新模式，进行学科的国际评估
		加大国际交流合作	与国外开展实质性合作，加强与国外一流大学的交流力度
		提高教学质量	与国际知名高校建立交流平台，推动大学生出国学习和实习，扩大攻读学位留学生规模
文件2	2014 年	学科建设	深化和拓展与海外高水平大学、研究机构、联盟的实质性合作，加快提升学科国际化水平
		人才培养	拓展本科生国际交流平台，推进研究生教育的国际交流合作，加强留学生教育管理，提高留学生培养质量
		队伍建设	实施 Tenure-track 制度的招聘计划，开展教师队伍国际化评价试点工作

续表

类型	年份	内容	具体举措
文件3	2015年	学科建设	制定世界一流大学学科建设方案,启动国际评估试点工作
		人才培养	推进本科生国际交流规模与层次,扩大研究生国际交流规模,提升研究生教育国际化水平
		队伍建设	加强青年教师国际化培养度,落实各类人才计划
		科学研究	推进国际科技合作,加强国际合作实验室和智库建设
		国际化	加强国际化发展顶层设计,深化与世界一流大学、研究机构的合作交流,建设"新丝绸之路大学联盟",加强与国外著名高校的教师交流、学生交换,拓展国际合作伙伴关系,扩大留学生规模,提高留学生教育质量

从2013年的学校相关文件和领导讲话中涉及的高等教育国际化内容可以看出,高等教育国际化的具体维度同学校"十二五"规划中有关国际化的内容相似,主要表现在教学、学科发展、科研和国际合作交流等实践维度,而理念维度的国际化内容几乎没有涉及。其中教学国际化的内容涉及人才培养的国际化、国际化质量的提高和教师队伍的建设;学科的发展主要强调增强学科的竞争力,提升学科水平;科研的国际化现在提升科技的竞争力;国际交流合作则主要强调扩大对外交流合作方面。

在院部和系所层面,通过各学院和行政单位的网站,搜集各院系、行政单位的国际化政策文本发现,院系层面的国际化政策十分有限,在考察的23个院系中,仅有14个院系设立了有关国际交流与合作的专栏,而这些专栏内容很少是关于国际化的政策、理解等内容,更多的是学院实施的国际化项目、学术交流,举办的国际会议以及教师和学生的出访情况。在所有的学院中,仅有两个学院除提到具体的国际化实践外,还提到了国际化的办学指南、理念和原则。

由此可以看出,X大学的高等教育国际化政策基本上停留在学校层面以及一些职能部门层面,而院系层面更多的是执行和实施机构,各院系根据学院自身教学、师资、学科等发展情况以及国家和学校层面的计划和项目开展国际化的活动。

从X大学国际化政策文本可以看出,学校的使命陈述、战略规划、学校文件中国际化的内容都是围绕国家建设世界一流大学的任务展开，同其他"985工程"大学类似，学校国际化的内容和任务主要体现在人才培养、队伍建设、科学研究、学科发展和国际交流与合作等方面，在建设世界一流大学和一流学科的目标下，学校以学科为单位，通过加强国际交流合作与创新，通过建设高水平、国际化的队伍来实现国际化创新人才培养，提升人才培养质量，促进科学研究和学科的发展。

尽管政策内容清晰地规定了国际化的目标和具体实施内容，但是 X 大学的国际化政策仍然存在一定的问题，主要表现在以下四方面：一是缺少独立的国际化战略规划；二是缺乏对中外合作办学内容的规定；三是政策中对理念层面的国际化强调不足；四是院系的国际化政策内容与宣传不足。因此，完善大学高等教育国际化政策，促进高等教育国际化发展，是 X 大学国际化发展过程中需要考虑的内容。

4. 高等教育国际化的目标

X 大学的使命和愿景陈述中，提到了学校的整体发展目标是建设世界一流大学。在学校的"十二五"战略规划中，明确规定学校在今后十年内的主要任务是促进学科发展、队伍建设和人才培养，并提出了学校在不同方面的具体目标。这些目标都与学校的国际化密切相关，包括学科发展、队伍建设、人才培养和国际化发展等方面。其中，学科发展的目标主要是优化布局，发挥优势学科。不同学科制定不同的发展目标，使工科、理科、管理、经济、生命医学等学科不同程度地达到世界一流水平。队伍建设的目标是建设与国际知名高水平大学可比的核心骨干教师队伍，依据国际标准建立聘用、晋升与考核体系以及建设与国际接轨的教师职称保障和服务体系。人才培养的国际化目标则是培养具有国际视野和竞争力的拔尖创新人才，建立与国际知名高水平大学相适应的人才培养体系，同时提升教材、教学内容的国际化标准。科学研究的目标主要是建设一批代表国家水平的国际化科学研究基地、实验室或创新团队等。此外，除了学科发展、队伍建设和人才培养等方面外，规划中还提出了专门针对国际化的发展目标。该目标除了重申强调队伍建设、人才培养、科学研究的国际化外，还提出要坚持国际化的视野和国际化标准办学，提升国际化办学能力，以及推动办学资源的国际化，建立多方位、多渠道、高层次的国际合作与交流格局。

5.高等教育国际化的策略

X大学高等教育国际化的政策涉及学科建设、人才培养、队伍建设、科学研究以及合作交流等内容。政策中规定了学校实施高等教育国际化的整体目标和国际化不同方面的具体目标,围绕国际化的目标,学校制定了实施高等教育国际化的策略。

第一,学科建设的国际化策略。在学科建设方面,学校主要依据学科发展前沿和国家重大需求,紧紧围绕学校战略目标调整学科布局、优化学科结构、全面提升学科水平,对不同的学科制定不同的目标和计划,分层次、分重点地促进学科发展。对于工科等优势学科实施"工科振兴发展计划",强调围绕学科发展前沿和国家重大需求,强化前沿科学探索和行业引领技术研究,形成工科的稳健优势。而对于理科类则实行"理科跨越发展计划",推动基础学科的国际化水平,通过设立专项基金引进学科带头人,大力提升队伍结构的质量,支持学科基础条件建设,设立学科特区,促进团队建设等措施实现理科的跨越式发展。对于经济管理类学科则实施"经济管理跃升发展计划",即通过高水平队伍建设,实施学位教育的国际认证等措施,来提升学科的国际化水平。对于医学学科实施"生命医学突破发展计划",通过学科交叉,引进高端人才,按照国际化标准进行医学人才培养体制改革与实践等措施来提升学科整体水平。对于人文类及其他学科,尽管学校制定了相应的计划,但并未直接涉及国际化的发展目标。

第二,队伍建设的国际化策略。教师是国际化活动的主要参与者,在学校人才强校的目标下,加强队伍建设是学校实施高等教育国际化的主要任务和策略。学校从实施人才计划和项目以及建立与国际化适应的人事制度两方面来促进队伍的国际化发展。从人事制度方面来看,"十二五"规划中强调通过深化人事制度改革,建立与国际知名高水平大学可比的人才选拔、使用、评价、流动机制。在人才选拔方面,尝试开展终身教职用人制度试点,实行选拔与退出相结合的国际通行的教师招聘机制;在人才使用方面,主要推行"非升即转,非转即走"的用人制度。此外,还强调逐步建立与建设国际知名高水平大学目标相适应、与国际人才待遇接轨的薪酬体系。但是对人才评价和流动机制的具体内容并没有明确的规定。

促进队伍建设国际化的人才计划和项目主要包括"学科领军人才聚集计

划""学科骨干队伍建设计划"以及"青年教师能力提升计划"。这些不同的计划分别涉及队伍建设的不同层次。其中,"学科领军人才聚集计划"旨在引进或培养具有国际影响力的学科领军人才;"学科骨干队伍建设计划"是队伍建设的第二个层次,即培养和引进学术带头人和骨干教师,通过该计划的实施,促进参加国际会议的数量,增加在国际期刊发表文章的数量,提升在国际组织中的地位以及增加国际奖励的数量等;"青年教师能力提升计划"则强调通过资助、鼓励青年教师出国访问、交流、学习、参加国际会议等方式提升青年教师教学能力、科研能力和国际交往能力。

第三,人才培养的国际化策略。学校人才培养的国际化主要从国内学生和留学生两个方面开展实施。通过构建本科生和研究生的培养体系,来实现对国内学生的培养。本科生的国际化培养措施包括构建人才培养体系以及国际化的教育教学体系,通过实施"人才培养质量工程",运用国际化的课程和教学标准,加强教师队伍、课程以及教材的建设,开设面向海内外的在线课程等途径来实现国际化人才培养的目标;通过与国际知名大学通过学分互认、学位互授等方式联合培养具有国际视野、跨文化交流能力和国际竞争力的高层次人才。研究生培养的国际化更多体现在科研与交流合作方面,其主要目标就是要建设研究生创新教育体系,通过加强国际双学位,联合培养的力度,促进研究生的国际交流,同时对于研究生的国际化培养制定了不同阶段的可量化的目标。对留学生的培养更强调对留学生培养条件的建设和促进留学生的招生规模。具体表现在增强学科课程体系在国际上的优势地位来吸引更多的留学生,通过加强资助力度来增加学位留学生的数量。

第四,国际化的科研主要通过建设国际化科学研究基地,实施国家与学校的一系列科研促进计划,建立科研管理体制等途径促进科研国际化发展,提升科研能力和水平。科研国际化主要围绕国家的行业重大需求,国民经济的主战场以及国际学术前沿,通过学校的优势学科,引进学科带头人,建设学校高层次人才队伍,与国外大学和研究机构建立联合实验室及国际化联合研究中心。

第五,国际合作与交流是学校实施高等教育国际化的前提,通过建立伙伴关系、战略联盟、签署合作协议和往来互访,为学校提供信息、资金、项目等国际化资源。"十二五"规划期间,学校的国际合作与交流主要通过实施一系列计划,建立战略合作伙伴,提升学校办学的国际化程度与水平,扩大学校的影响力。通过实施"1+1战略合作伙伴计划",与若干国际知名高水平大学建立全面战略合作伙伴关系,实现实质性合作;通过队伍建设、人才培养、科学研究等方式,全面强化国际化视野与标准办学的意识与自觉性,提升按国际可比水平办学的能力,培养国际化人才。

国际化策略的不同要素之间并不是相互孤立的,而是存在着密切的联系。首先学校的学科发展和一流学科建设既是学校的核心任务,又是学校实施高等教育国际化的主要单元。各学院或学科单位通过队伍建设、人才培养和科学研究等内容来实现学科发展,学科水平和国际化程度反过来又能促进高层人才的引进,提升人才培养质量,促进科研项目和经费的增长以及科研成果的产出。队伍建设是国际化过程中的主体也是关键因素,在人才强校战略下,高水平的人才队伍建设不仅能够保障人才培养的能力和条件,提升人才培养的水平和质量,同时也能够促进国际化的科研和合作。学校和学院层面的战略联盟与合作关系为人才引进、人才培养以及科研合作提供了平台和支持,但同时只有当学校的国际化声誉和学科水平达到一定程度,才能实现与高水平大学更深入、持久和实质性的合作交流。

6. 高等教育国际化政策与策略中的国际化与本土化

分析高等教育国际化要求我们正确处理好国际化和本土化、客观性与主观性、世界性与民族性的关系。通过对文献中高等教育国际化、现代化、民族性以及本土化的内涵的分析可以发现,国际化与本土化是一对互为表里的概念,国际化等同于现代化,而本土化更强调民族性,对于不同类型的国家,国际化与本土化的关系并不相同。由于西方发达国家属于早发内源型国家,其国际化的过程就是率先实现现代化的过程,民族文化的先进性决定了其国际化与本土化的统一性,而对于后发外生的发展中国家,实现现代化、国际化同本土化之间必然形成一种张力,而这种张力因国际化发展的阶段不同也呈现出不同的特点。

一些学者将高等教育国际化发展分为五个阶段,并从认识层面、交流层面以及文化互层面分析了不同阶段的特点。虽然这一国际化阶段的划分有其自身的局限性,但为我们分析当前高等教育国际化发展阶段提供了一个参照。我国高等教育国际化政策的发展变化也体现了高等教育国际化的不同阶段。从

我国研究型大学国际化政策与现实

新中国成立到改革开放之前是我国高等教育国际化发展的最初阶段,这一阶段经济社会以及高等教育发展水平比较落后;教育国际交流的范围十分狭小,仅与苏联等个别国家和地区开展不定期的国际交流活动,交流的活动主要是单一地以派出留学生为主的外向型国际化;随着改革开放的实施,我国的政治、经济、文化以及教育水平不断提高,高等教育国际化发展到一个新的阶段,这一阶段,国际交流的范围不断扩大,随着我国同越来越多的国家建立外交关系,我国也与更多国家开展高等教育交流合作,这一时期国际合作的数量和形式明显增多,既强调向外的派出,又强调与国外高等教育的合作,但国际化的主要目的仍然是以学习其他国家的先进经验为主。2010年随着《国家中长期教育规划纲要(2010—2020年)》的提出,我国的高等教育国际化逐渐由第二层次向第三层次转变。纲要中提出,这一阶段我国教育发展的主要目的是在2020年实现高等教育现代化,其核心是提高高等教育质量;其中高等教育的发展主要任务是提升人才培养、科学研究和社会服务的整体水平,若干大学达到或接近世界一流大学水平,高等教育的国际竞争力显著增强,实现我国由高等教育大国向高等教育强国的转变。同时,这一时期的高等教育国际化并不是单一地向外派出,而是由外向型国际化向内向型国际化转变,国际化更强调多层次、宽领域的合作,引进优质教育资源的,提升合作交流水平,推进我国高等教育机构海外办学,增强文化交流、认识与理解,扩大留学生招生规模,提升来华留学教育质量。

X大学的高等教育国际化是在国家战略指导下,通过具体政策与策略开展实施。当前我国高等教育发展水平有限,高等教育现代化程度不高,高等教育国际竞争力有待提升,因此这期间国家高等教育战略的主要目标是实现高等教育现代化,提升高等教育质量,并通过建设世界一流大学和一流学科提升我国高等教育的水平。在这种理念指导下,进一步推动高等教育国际化发展,扩大国际合作与交往,不断学习发达国家的先进教育理念和经验,是X大学高等教育发展的主要任务。虽然在此期间,高等教育国际化仍然是学校发展的重要措施,但高等教育国际化的程度以及发展阶段较以往呈现出不同的特点,国际化策略更体现为内向型的水平和能力的提升。X大学的校《"十二五"发展规划》中,将人才培养、学科发展、科学研究、队伍建设作为主要任务。通过参照国际标准,加强高水平队伍建设,促进与一流大学的合作以此来提升学科的国际化水平;通过实施不同层次的人才计划,引进具有国际影响力的学科领军人才,培养学术带头人和骨干教师,提升青年教师的教学、科研以及国际交往能力;在人才培养方面,通过多样化的人才培养模式,构建与国际接轨的研究型大学人才培养体系,同时参照国际知名高水平大学标准构建教学体系,培养具有国际视野和竞争力的创新拔尖人才。具体策略包括实施国际认证,开展国际联合培养、学分互认、学位互授,引进国际课程和教材,批量派出优秀研究生开展国际化培养,鼓励博士生参加高水平国际会议以及短期访学等。文化交流方面,学校还通过孔子学院,留学生语言、文化教育等多种形式开展文化交流和传播,但文化交流以传播非主流的地方文化为主,而非现代主流文化。

从当前学校实施高等教育国际化的政策和策略可以看出,X大学对高等教育国际化已经形成清晰的认识,高等教育国际化已经成为学校发展的一个客观现实,是实现世界一流大学的重要途径,学校的使命陈述、发展目标、战略规划以及主要任务重都涉及国际化的内容和具体策略;学校的国际化交流形式和内容不断丰富,国际交流的渠道更加广泛,国际化的途径并非单一的向外派出,而是更注重合作与引进,强调自身国际化能力的建设以及国际化水平的提升;文化方面,学校更加注重文化交流与传播,但仍以传播非主流的地方文化为主,而非现代主流文化。这些特征都表明,当前X大学的高等教育国际化处于由第二阶段向第三阶段过渡时期。这一时期的特点表明,X大学的高等教育国际化程度仍然相对较低,与发达国家的高水平国际化相比仍然具有一定的差距。因此,当前学校的发展仍需要以实现高等教育现代化、建设世界一流大学为目标,继续加大高等教育国际化的实施力度,不断提升高等教育国际化水平。同时,X大学国际化所处的阶段以及呈现的特点也要求学校必须处理好国际化与本土化的关系,协调好国际化与本土化的张力,既要强调高等教育国际化的发展,又不能全盘接纳吸收,丧失本土化的特点。

(二)国际化的组织机构与支持系统

国际化的组织机构是构成高等教育国际化的一个基本要素,不同大学考察国际化组织机构的方式并不相同,概括起来包括大学的领导、大学专门从事国际化工作或相关的部门或办公室(如国际交流办公室或部门,留学生办公室,国际学生和学者办公室,国际交流、项目、奖学金以及协议办公室)等,一些大学还考察负责国际化的部门和办公室的专职人员数量以及这些部门的具体职能和运作模式。除了设有组织机构外,大学的硬件、软件、后勤设施以及国际化的评估和考核机制也构成了国际化的支持系统。以下从专门负责国际化的领导层,国际化部门的设置,国际化支持系统以及评估和监督机制四方面来考察 X 大学的国际化组织机构与支持系统。

1. 明确完备的国际化领导

X 大学的高层领导中设有专门负责国际事务的分管校长,主要负责分管国际合作与交流处;具有专门负责国际教育工作的分管校长,主要负责留学生事务。此外,有专门的领导负责学校的学科建设和人事工作。由于建设一流学科是学校当前的主要任务之一,因此负责学科规划与建设的相关领导也可以认为是促进学校国际化发展的高层领导之一。人力资源部门由于涉及高层人才的引进,教师的招聘、培养与晋升,外籍教师的管理以及招聘,该部门的领导也是促进大学国际化的主要力量。

2. 组织健全的国际化职能部门

在 X 大学的各个职能部门中,国际合作与交流处是负责学校国际化的主要部门,是学校开展对外合作与交流的归口管理和服务部门,主要职能包括建立与境外大学和机构的联系与合作,接待来自世界各国访问学者、外籍友人、专家和外教的管理工作,负责授予国际知名人士和学者的荣誉称号,负责各类国际合作与交流项目的管理以及各类合作办学的联络、审核及管理协调,负责校际协议的签署及合作交流项目的开发与管理,负责国际会议的申报和管理,负责本校领导、教师和学生的外出交流、访学等事务的管理。该机构下设国际项目管理办公室,国际交流管理办公室,处务办公室以及出入境管理办公室四个部门。其中国际项目管理办公室主要负责国际项目的运行和管理,包括项目的实施,国际化专项平台的管理,常规性项目如外籍专家的聘请,学校名誉教授、客座教授的聘请,校内举办国际会议或研讨会事务等。此外,该部门还负责院校两级战略伙伴关系的推进,"985 工程"项目的推进,中外合作办学项目和机构的申办和管理协调工作。同时,该部门还负责对相关国际化制度和规范性文件、工作流程等方面的建设。国际交流管理办公室则负责拓展国际合作与交流,重大外事活动的策划、协调,校际合作与交流项目的开发、管理和实施等工作。出入境管理办公室负责全校师生员工的出访、审批以及留学基金委公派研究生项目的选拔和派出等事务。在具体部门的运行方面,国际合作交流处的运行已经形成了系统的工作流程和办事程序,这些程序已经成为部门制度的一部分。部门制度对学校不同类型的国际化活动都有具体的规定,包括合作交流、专家聘请、荣誉学衔、访问签证事务、国际会议、学生交流、各类项目等相关的办事程序和办理审批流程等。

国际教育学院是负责全校留学生工作的综合管理部门,也是开展留学生教育的办学实体。其主要职责包括负责留学生工作相关政策的监督执行,负责留学生的招生、出入境、后勤保障工作,负责留学生的日常教育管理,协调留学生的教务工作,并且开展留学生汉语言本科专业的教学与学科建设工作以及留学生汉语课程的教学工作。该学院主要下设四个科室和一个教学系,包括学院办公室、招生办公室、教育与管理办公室、后勤管理与教学办公室以及对外汉语教学系。

人力资源部设有高层人才办公室,负责海外高层次人才的引进工作。同时也从人事派出和引进的角度为国际化提供相关的政策和计划支持,规定了实施这些计划的办事程序和支持机构。教务处和研究生院设有国际交流与综合事务办公室,分别负责本科生和研究生的公派留学、短期出国访学、参加国际会议以及来校留学和交换的日常事务工作。此外,各个学院虽然并没有设立专门的国际化部门,但由于国际化的活动体现在学院的教学科研等各方面,因此也有专职人员负责与国际化相关的活动和事务。

当前,学校实施高等教育国际化的部门已经十分健全,设有国际化交流办公室专门负责国际化活动,国际交流办公室既是国际化的领导部门,负责政策和文件的出台,国际交流活动的审批和组织,国际合作的联系以及国际化信息的宣传和传达;同时又是国际化的协调部门,负责组织和协调并支持学校各个部门和院系的国际化活动。除了国际化的交流办公室外,学校的其他职能部门以及相关负责人员为教学、科研以及队伍的国际化提供支持。不同部门之间通过规章制度、政策文件基本形成有序的制度化运作。

3. 多渠道的支持系统

除了国际化的组织机构外,其他一些支持系统对学校的国际化发展也十分重要,如硬件支持系统、服务系统、资金支持和信息支持等。其中,资金支持是学校发展国际化的重要保障。由于国际化的维度涉及教学、科研、人才培养等各个方面,因此,资金来源范围相对较广。国际化的资金主要来源于国家资助、学校筹集和社会捐助,资金主要以计划和项目的形式获得,如国家留学基金委员会针对不同层面的教师、学者、研究人员以及学生提供支持项目,配套相应的资金资助。这些项目通过参与者申请、学校审批、基金委批准最后到资助和派出得以实现。除了国家层面对人员出访和交流的专门资金支持外,学校建设和发展经费也是学校国际化的资金来源之一,这些资金大部分来自国家拨款,如"985工程"建设项目就包括高水平国际交流与合作项目,并设有专门的资金支持。学校还通过多方面交流和合作,以项目为平台争取多方面的国际化资金来源,通过组织实施交流项目,争取国际办学资源的最大化、最优化。2013年起X大学通过组织实施教育部发起的香港与内地师生与交流的"万人计划",获得项目经费近400万元,是全国项目经费较多的高校之一。2014年,学校争取到各类国际项目的经费达1 400余万,经费数和项目数位居全国高校前列。此外,学校的基础和硬件设施、网络系统、图书馆、后勤等一系列的相关机构和部门都为国际化的实施和发展提供了支撑。

4. 有待完善的评估和监督机制

国际化的评估和监督机制是推进学校实施高等教育国际化的动力之一。许多世界知名大学都设有国际化的评估机制,并且定期对国际化的表现和效果进行评估与反馈,不断完善国际化的政策,从而更好地促进国际化的发展。X大学的高等教育国际化政策在近几年来得到了较大的发展,学校的组织机构和支持系统也在不断完善,但是学校的高等教育国际化评价和监督机制有待进一步完善。学校并没有独立的针对高等教育国际化的系统的评估机制和体系,国际化的评估仅作为国家层面以及学校层面教育教学或学科评估的一个指标内容,如教育部2012年对高校实施的学科评估指标中将授予学位的境外留学生情况、派出的学生交流情况,在国外期刊发表的论文情况以及专家团队作为其中的指标。由于学校国际化水平的限制,系统的国际化评价机制和体系也不可能一步到位,在促进学校国际化发展的过程中,领导层也越来越意识到国际化评价和评估的重要性,逐步通过量化管理细则,运用国际标准,对国际化的各个方面进行量化与考核,并根据学院和学科的具体情况分层设置不同的评估指标体系。并逐渐在新的学科建设和规划中,提出一些可考核的国际化指标增长目标。

总之,从学校国际化的组织结构与支持系统来看,学校的国际化部门和机构较为健全,各部门之间协调已经形成制度化运作。其中学校高层领导是国际化组织机构的最高负责人,通过学校职能部门如国际交流处,人力资源部,学科办公室等负责国际化政策的制定与实施。各个学院设有专门领导或行政人员负责国际化政策的传达与国际化事务的办理,学校的其他部门如后勤、学生处、图书馆、财务处等一些机构则为国际化的实施提供支持和保障。然而学校并没有专门针对国际化的评价和考核体系,对国际化的评价和考核主要通过学校的教学和学科评估来实现,因此从一定程度上影响了高等教育国际化政策的完善和国际化策略的调整。

(三)国际化的教学

教学是大学的主要职能之一,将国际化的维度融入国际化的过程中体现在与教学相关的各个方面。以下从课程、学生以及教师三方面来考察 X 大学国际化的教学维度。

(1)课程国际化形式较为丰富,但国际化课程与教材的数量相对较少,近几年来增长幅度不大。X 大学的国际化课程主要体现在授课语言、授课内容、授课主体以及所选教材的国际化方面。此外,授课过程中的国际化理念、思想和教学方式等也可以认为是课程国际化的一部分。国际化的课程主要包括传统的课堂课程和网络课程。其中,网络课程由学校的网络中心和教务部门负责建设,包含了国内外许多优质的在线课程(MOOC),其中包括耶鲁大学、哈佛大学以及普林斯顿等世界一流大学的网络公开课程。在传统课程中,主要开设双语课程、全外语课程和外语类课程等。为了提高人才培养的质量,培养学生的国际化能力,学校通过增加课程系数的方式鼓励教师使用双语教学,开设双语课程,在课堂使用更多的外语元素。学校的许多教师,特别是具有海外背景和经历的教师也更倾向于使用双语教学。2012 年开设的本科课程中,共有英文授课课程 84 门,其中医学专业相关的课程最多,共 53 门;其次为管理学院开设的课程,共 17 门;理学院开设 3 门英文授课课程;其余的 9 个院系共开设 11 门英文课程,这些课程都不同程度地使用英文原版教材进行授课。全英文授课的专业一般是为招收留学生的需要而设定的,而各学院英文课程的开设情况也与该学院的留学生的数量有一定的联系。除此之外,由外国语学院开设的公共类英语必修和选修课程使用全英文教学的课程较多。2015学年,学校开设双语课程数(不含医学专业)为89门,共148门次。同时2015年本科生使用外文原版教材数量约为136种。

可以看出,X大学在课程国际化方面仍然相对落后,从已有的数据来看,2015年开设的双语类课程数量最多,而全英文课程和非外语专业的外语类课程数量十分有限,这三类课程的总和占总课程量的不到5%,并且这一比例低于其他"985工程"大学的平均值,与国内一流大学相比存在明显不足,与世界一流大学的差距较大。据中国教育国际交流协会的统计,全国"985工程"大学使用全外语授课课程平均值为200门,而"985工程"大学外语类课程约占开设课程总门数的比例约为7.2%。

总之,X大学课程的国际化无论是外语类课程总数,还是外语类课程占总课程数的比例,相比国内外一流大学都较低。当前学校正努力通过各项措施促进课程的国际化发展,包括加强英文教材体系的建设,争取引进世界一流大学的英文原版教材,并且努力采取措施提高教师的英文授课水平,通过学校教师发展中心,选送教师出国培训,以增加双语课程教师的数量。

(2)学生的国际交流渠道广泛,交流项目和人员数量逐年增加。学生的国际合作交流是大学实施高等教育国际化的基本内容,也是提高人才培养质量的一个重要途径。随着学校国际化水平的提高,学生交流的项目类型和数量也在逐渐增多,各类留学生人数不断上升。

X大学学生的国际化交流途径相对较广,根据资助来源不同主要分为国家资助和学校资助项目。随着建设世界一流大学的推进,学校发展战略将扩大学生的交流机会作为目标之一。新的学科规划中明确提出了学生出访和交流的数量目标,特别注重增加与国外知名大学联合培养、双学位学生以及高水平留学生的数量比例。从国家资助情况来看,学生的交流访问主要源于留学基金委员会的资助,而这些资助和支持也依托于国家和教育部的各类国际化计划和项目。这些项目包括国家公派硕士研究生项目、国家建设高水平大学公派研究生项目、优秀本科生国际交流项目、政府互换奖学金项目以及艺术类人才培养特别项目等。

无论是国家项目还是学校项目,按照学生层次不同都可以分为本科生交流项目和研究生交流项目;按照交流时间不同可以分为长期项目和短期项目。其中国家留学基金委员会的项目以是长期项目为主,学校层面的项目既包括长期又包括短期项目。短期项目主要包括一些寒暑假短期项目、文化交流项目等;而长期项目则包括学位项目和非学位项目。学位项目是根据学校之间的协议和合作制定的留学模式,学生通常取得国外的学位,如3+2项目、2+2项目和4+4项目等;非学位项目中,学生不需要获取学位,通过学校之间的校际协议或项目进行访问交流或取得学分。

近些年来,各类公派留学人员数量整体上呈逐年增加的趋势,表4-6列出了2007—2013年期间,X大学公派留学人员统计情况。从中可以看出,2007年各类公派人员数量为187人,到2013年达到422人,增加了约155.7%,六年期间,除了2012年数量较少外,其余各年的公派留学人员都呈上升趋势。其中,国家公派人员由2007年的120人增加到了2013年的191人,六年期间数量变化情况并不稳定;相比之下,单位公派的数量从2007年的67人增加到了2013年的231人,呈逐年增长趋势,六年间增加了2倍之多。

表4-6 公派留学人员数量统计　　　　　　　　　单位:人

类型	2013年	2012年	2011年	2010年	2009年	2008年	2007年
国家公派	191	137	164	176	202	179	120
单位公派	231	115	102	80	61	41	67
合计	422	252	266	256	263	220	187

从2007—2013年学校各类留学人员数量变化趋势可以看出,尽管国家公派留学人数与学校公派留学人员总数的增长并不稳定,但这种数量的波动是由于国家公派人员的数量波动造成的。从学校公派留学人员数量来看,留学人数基本呈稳定增长趋势。这说明,近些年来,在学校政策和资金的支持下,教师和学生的国际交往范围不断扩大。

由于公派留学人员包括学校学生、访问学者以及博士后,表中只能反映学校公派留学人员逐年增长的情况。实际上,学生是公派留学人员中最主要的构成,学校派出的海外学习及交流的学生数量也逐渐增加。2010年,学校通过各类项目派出的学生数为167人,2011年增加到了246人,2012年学校项目派出的赴海外学习和交流的学生人数达到320人,2013年,学生海外交流学习的人数为357人,比2010年增加了约1倍多。

这些与国外大学合作的学生项目中,以美国的项目数量和派出的学生人数最多(图4-2)。其次是日本、法国、韩国等。2010年,学校的学生合作交流项目共28项,其中与美国合作的1个校际交换项目和2个短期项目共派出学生39名学生;与日本合作的9个校际交换项目共派出学生17名;与法国合作的校际交换项目和4+4项目共派出学生34名;与欧盟合作的2个项目派出学生31名;与意大利合作的校际交换项目共派出19名学生交流。2011年,以项目形式派出学生交流数量最多的5个国家分别为美国6个项目共派出59名学生,其中包括4个短期项目和2个校际交换项目;法国4个项目共派出35名学生,包括2个校际交流项目和2个学位项目,日本的9个校际交流项目共派出21名学生;与韩国的7个校际交换项目共派出11名学生,与德国的3个校际交流项目共派出8名学生。从2012年开始,美国项目交流的学生人数仍然最多,项目的种类在之前的短期项目和校际交流项目基础上增加了新的学分项目、研究项目和3+2项目,在派出的131名学生中,有54名参加了3+2项目,还有8名本科生参加了研究项目。这些都是学生合作交流方面的新的现象。此外,法国仍然位居派出学生数量的第二位,项目数量增加到5个,包括4个双学位项目和1个校际交流项目。与韩国的项目共派出15名学生交流,包括4个校际交换项目和1个暑期项目;与日本的交流项目仍然是校际交换项目,共派出13名学生。2013年,中美合作项目共20项,共派出交流学生136名,其中包括11项校际交换项目和6项3+2项目以及其他暑期项目和短期项目,派出的学生全部都是本科层面的学生。其次,与中国台湾地区的交流项目共18项,共派出113学生名,其中包括16项校际交换项目和其他两个短期项目;与中国香港地区的交流项目派出的学生数量位居第三,共派出学生44名,尽管与香港地区的项目只有4项,包括3个校际交换项目和1个联合培养项目,但是培养的学生数量较大,其中包括派出博士研究生30名和硕士研究生2名赴香港科技大学进行联合培养。此外,与法国的合作项目也派出学生38名,除了1项校际交换项目外,派出学生都参加双学位项目进行交流。一直以来由于政治、经济和文化、地理位置以及语言等方面的原因,X大学与港澳台地区的合作往来较为密切,合作项目和交流的学生数量相对较多。

近几年,X大学与国外大学的合作项目和派出人数最多的5个国家分别是美国、法国、日本、德国和韩国。合作项目的类型也更为丰富,除了暑期项目、校际交流外,还包括一些学位项目和学分项目。学生交流的国家和地区分布主要集中在欧美发达国家和周边发达国家。这一趋势一方面体现了学校通过派出更多的学生赴全球教育资源领先的国家进行交流学习,从而促进世界一流大学的建设;另一方面体现了充分利用地理位置上的便利与优势,与周边国家建立友好关系,促进学生的国际交流与访问。

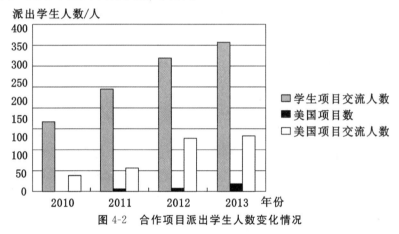

图4-2 合作项目派出学生人数变化情况

总之,学校通过与国外知名大学建立合作关系,实施人才培养项目来提高人才培养的国际化水平。截至2014年初,共资助1 153名本科生、138名博士研究生赴国(境)外高校进行短期或长期交流学习。实施博士研究生参加高水平国际会议和高端访学计划,接近40%的博士研究生有国际交流与合作经历,资助888名博士研究生参加高水平国际学术会议。

(3)留学生数量不断增加,但发展并不均衡,同世界一流大学相比,仍然具有较大的差距。招收和培养留学生是X大学实施高等教育国际化,实现世界知名高水平大学建设的一个重要内容。学校自1959年开始实施外国留学生教育,是教育部制定的较早培养中国政府奖学金留学生的院校之一;1991年组建对外汉语教学的专门机构,开展对外汉语教学项目;1999年设立X大学留学生奖学金。2007年设立留学生汉语言本科专业。医学留学生教育始于1995年,在学校留学生教育中较为突出,是首创全英文授课培养医学本科留学生的院校,2000年开创了全英文授课医学硕士教育。自1995年以来,已经培养了来自63个国家的医学留学生2 000余名,毕业生规模居全国之首。2005年受教育部委托起草制定了《来华留学生医学本科教育(英文授课)质量控制标准暂行规定》。

近些年来学校留学生教育得到了迅速发展,各类留学生人数逐年增加,学历留学生的人数相对较多,留学生的来源国分布广泛,留学生教育专业设置逐渐增多,但留学生教育仍然存在一系列问题,整体分布并不均衡。主要表现在留学生数占全校学生总数的比例仍然较低,高层次留学生人数较少,来自发达国家的留学生较少。

第一,留学生总数不断增加,但招生数量不稳定,留学生比例与世界一流大学相比差距较大。学校实施的留学生教育可以分为不同的类型。按照是否获取学位分为学历教育和非学历教育;按学习时间的不同可以分为长期项目和短期项目,其中长期项目是指留学生在校学习一学期(含)以上的项目。长期项目中,除了不同层次的学历教育外,还包括语言项目、普通和高级进修项目等。学历留学生教育包括本科、硕士和博士三个层次,共开设40多个专业。随着学校实施高等教育国际化步伐的加快,学校留学生的教育也得到了较大的发展。据统计,2008年,学校共招收长期、短期各类留学生的总数为1 144人,其中语言类学生共118人,本科生共683人,普通进修人员39人,硕士研究生共54人,博士研究生工20人。到2013年底,学校共招收的各类留学生共1 989人,其中短期学生共453人,长期学生共1 536人,而在长期学生中,语言类的学生共269人,普通进修人员70人,本科生共869人,硕士研究生共250人,博士研究生共77人(见图4-3)。

可以看出,非学历类留学生以语言类学生为主,进修人员为辅。在学历类留学生中,本科生人数最多,博士研究生的人数最少。2008—2013年,招收各类留学生数量逐年增加,其中本科生增加了27.2%,硕士研究生增加了3.6倍,而博士研究生人数增加了约2.9倍。尽管各类留学生人数有了大幅度增加,但硕士研究生和博士研究生的数量还很少,在留学生中所占的比例仍然较低。2013年,学历留学生中,硕士研究生占12.6%,而博士研究生仅占3.9%,仍有较大的提升空间。

留学生数量以及占学生总数的比例是考察大学国际化的一个指标。根据X大学的不完全统计数据,2014年各类留学生数量达到1 992人,占学生总数的6.5%。根据中国教育交流协会2015年的"中国高等教育国际化发展状况调查"结果,调查的497所高校中,留学生人数的平均值为390,留学生占在校生的比例均值为1.8%,其中"985工程"高校的留学生人数均值为2 143,占在校生比例均值为5.7%。2014年,X大学的留学生总数相比"985工程"大学的均值略低,但留学生占在校生总数比例均高于全国平均值和"985工程"大学高校平均值。

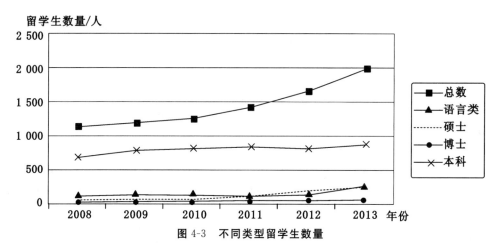

图4-3 不同类型留学生数量

X大学2008—2013年的留学生人数逐渐上升,但同世界一流大学相比仍然存在较大的差距。据统计,2015年,牛津大学的留学生人数已经达到8 000人,而哥伦比亚的留学生人数为5 323人,哈佛大学和帝国理工学院的留学生人数均超过4 000人,如图4-4所示,耶鲁大学的留学生人数虽然只有1 987人,但其留学生占在校生人数的比例超过17%,远高于X大学留学生的比例。

学历留学生及其占在校生的比例通常也是考察学校留学生情况的指标之一。2014年,X大学留学生总数为1 992人,其中学历留学生总数约为1 169人,占全部留学生的58.7%,学历留学生数占在校学生总数的比例为3.8%。其中,本科生807人,占在校本科生人数的5.4%;硕士研究生285人,约占硕士研究生总数的2.9%;博士研究生77人,约占博士研究生总数的1.6%。相比之下,我国普通本科院校的外国留学生中,平均学历留学生所占比例低于50%,497所高校的学历外国留学生平均数量为187人,占在校生比例为1.1%,"985工程"高校的学历留学生数平均1 100人,占在校生比例为2.8%。

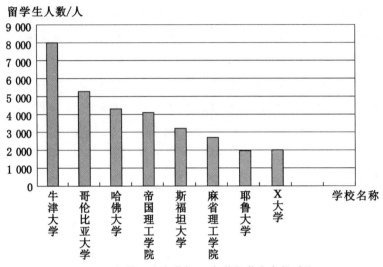

图 4-4　世界一流大学与 X 大学留学生人数对比

X 大学的留学生总数比"985 工程"大学的平均值数量略少,但在全校学生中所占比例高于"985 工程"大学的平均水平;学历留学生占全部留学生的比例也高于"985 工程"大学平均水平,但同世界一流大学相比仍然具有较大的差距。据统计,哈佛大学、牛津大学、麻省理工学院、耶鲁大学、哥伦比亚大学、帝国理工学院、加州理工学院和斯坦福大学等 8 所世界知名大学的国际学生比例的平均值为 27.53%,其中国际学生比例最高的加州理工学院达到 44.64%,而牛津大学的国际学生比例也达到 38.09%(图 4-5[①])。

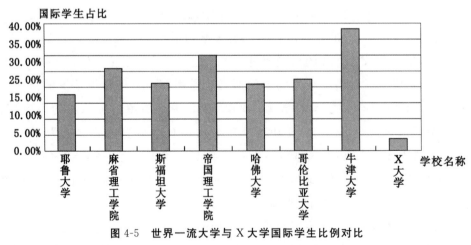

图 4-5　世界一流大学与 X 大学国际学生比例对比

---

① 注:数据来源于各大学官方网站。

◇ **第四章　我国研究型大学高等教育国际化个案分析** ◇

从历年留学生招生情况来看,2006—2015年,X大学招生留学生数量呈现一定的波动,特别是2011年之前的波动较大,2012年之后招收的留学生数量增长较多,但仍然不稳定,其中2012年共招收留学生556人,2013年招收559人,2015年招收的留学生数量增加较为明显,达到727人。较2014年的463人增加了264人,增加了约46.9%。可以看出,2015年X大学招收的留学生数量相比较之前有较大幅度的增加,但期间的留学生招生数量变化呈现一定的波动,留学生招生数量整体来看并无明显的增加的趋势。同样,留学生招生数量相比世界一流大学仍然有一定的差距。图4-6对比了X大学与纽约大学各年留学生招生数量具体差异。

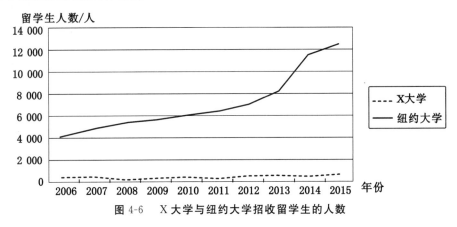

图4-6　X大学与纽约大学招收留学生的人数

纽约大学在2015年全美的大学排名中位于第32名,X大学在世界大学的学术排名位于第27名,是世界一流的学术机构。从历年招收留学生数量来看,纽约大学招收的留学生数量远远超过X大学,2006年招收留学生人数为4 291人,到2015年达到12 457人,并且2006—2015年,招收的留学生数量呈稳定上升趋势,特别是2012—2014年期间呈现大幅度增长。由于各年招收的本科生和研究生数量基本保持不变,因此,2006—2015年招收留学生数占招收学生总数的比例也不断增加,2015年达到了24.9%,相比之下,X大学的留学生招生数量占学校招生总数的比例有较大波动,由于学校招收的本科生与研究生数量变化不大,因此留学生招生比例的波动主要是留学生招生人数的不稳定造成的,尽管招生比例在2015年有了较大增长,达到了10.22%,但同世界一流大学相比,仍然差距较大(见图 4-7)。

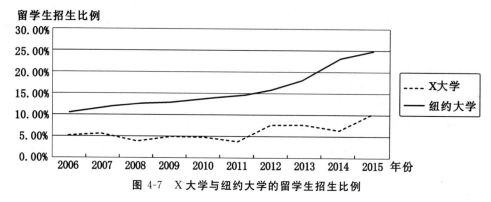

图 4-7　X 大学与纽约大学的留学生招生比例

第二,留学生来源国范围不断扩大,国别分布差异较大。2007—2013 年期间,X 大学的留学生来源国范围不断扩大(见图 4-8)。2007 年,招收的留学生共来自 52 个国家和地区,2008 年达到 60 个,2009 年达到 64 个,2010 年留学生共来自 70 个国家和地区,而到 2013 年该数量增加到 86 个。

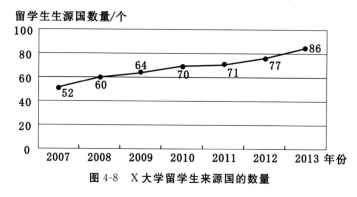

图 4-8　X 大学留学生来源国的数量

从图中可以看出,X 大学留学生来源国数量呈稳定增长趋势,该数量的增加反映了 X 大学与世界各国家和地区交往范围的逐渐扩大,同时也体现了 X 大学在世界范围内影响力的不断提升,通过加强与世界国家和地区的国际交往,不断推动高等教育国际化的发展。

X 大学的留学生来源国数量不断扩大,但不同生源国留学生分布差异较大(见表 4-7)。从 2008—2013 年留学生生源国的分布可以看出,X 大学的各级各类留学生主要集中在亚洲国家。

表4-7 留学生生源国分布情况

2013年		2012年		2011年		2010年		2009年		2008年	
国家	人数	国家	人数	国家	人数	国家	人数	国家	人数	国家	人数
巴基斯坦	446	巴基斯坦	482	巴基斯坦	551	巴基斯坦	536	巴基斯坦	540	巴基斯坦	464
美国	318	美国	236	美国	218	韩国	114	美国	99	韩国	147
韩国	186	韩国	117	韩国	99	美国	92	韩国	90	哈萨克斯坦	76
新加坡	83	日本	113	马来西亚	57	日本	64	印度	60	日本	69
巴林	79	俄罗斯	83	印度	56	印度	59	哈萨克斯坦	59	尼泊尔	68
马来西亚	75	马来西亚	70	尼泊尔	55	哈萨克斯坦	40	尼泊尔	51	美国	63
印度	69	印度	58	日本	55	尼泊尔	36	日本	44	印度	60
泰国	67	尼泊尔	46	哈萨克斯坦	24	马来西亚	31	德国	21	德国	20
日本	57	哈萨克斯坦	35	坦桑尼亚	23	蒙古	23	蒙古	19	蒙古	19
尼泊尔	46	法国	35	蒙古/英国	21	坦桑尼亚	21	法国	16	法国	18

2008—2009年，X大学留学生数量位于前10位的国家中有7个来自亚洲，其余3个国家分别来自欧洲和美洲。2010—2011年，留学人数位于前10位的国家中有8个是亚洲国家，其余两个则是美国和德国。2013年，除美国外，留学人数位于前10位的其余9个国家均来自亚洲。2009—2013年，留学人数最多的3个国家为巴基斯坦、美国和韩国。特别是2011年，来自美国的各级各类留学生数量逐渐增加，并且远远超过韩国的留学生，位于第二。这些亚洲的国家中，巴基斯坦、韩国、日本、尼泊尔和印度一直都是主要的留学来源国。近几年来，一些非传统留学来源国的留学人数增长较为明显，如2010年马来西亚的留学生人数为31人，2011年达到57人，2012年达到70人，2013年达到75人。

第三，X大学留学生的专业分布较广，但各专业留学生人数差异较大。随着留学生数量的不断增加，学校开设的招收留学生的专业也越来越广泛，已从2008年的33个增加到2013年的42个，涉及工学、医学、管理学、经济学、法学和理学等多个学科门类。2008—2013年，在开设的众多专业中，招收留学生人数位于前三的专业始终是医学、中国语言文学以及管理学三个学科门类。其中，医学类专业招收留学生最多，2008年该专业共招收留学生625人，2009年增加到736人，2010年为769人，2011年达到945人，2012年为846人，2013年为878人。图4-9显示X大学招收留学生人数最多的三个专业及其留学生数量分布。

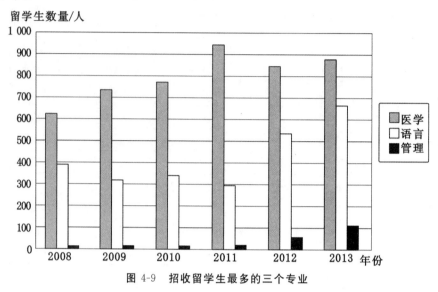

图 4-9　招收留学生最多的三个专业

为了鼓励留学,根据留学生的类型不同,国家、地方政府和学校均设有不同类型的奖学金,其中包括中国政府奖学金、学校专门设立的奖学金、孔子学院奖学金以及所在省份政府奖学金等。中国政府奖学金和学校层面设立的奖学金主要针对高层次学历留学生进行资助,这类留学生必须已经获得本科学位来华攻读硕士或博士学位;而省政府奖学金则同时资助本科、硕士和博士层次的留学生,不同层次的学生所获的资助额度也有差别;孔子学院奖金学金主要由国家汉语国际推广领导小组办公室(简称国家汉办)发起,资助来华进行为期一年以上的语言和文化进修的留学生。由于近几年来,研究生层面的奖学金和相应资助逐渐增加,因此从一定程度上促进了研究生学历留学生数量的增加,从而有利于提高留学生结构层次和留学生培养质量。

目前,X大学的留学生数量不断增加,但留学生发展仍然不均衡,这种不均衡性主要表现为国际留学生大部分来自欠发达国家和地区,并且以亚洲国家为主,特别是学历留学生的来源主要来自于亚洲、中东以及非洲等国家和地区;在全校留学生中来自美国的人数较多,但这些学生大部分都是短期交流和进修生,留学的主要目的是语言、文化的交流和学习;留学生总体数量不断增加,但留学生的招生数量和比例并不稳定;留学生数量和比例较世界一流大学相比仍然存在较大差距。X大学留学生发展的不均衡现象反映了世界高等教育体系中的不平等和不均衡现象。X 大学是我国主要的研究型大学之一,是世界一流大学建设的主要力量,但在世界高等教育体系中仍然处于外围的边缘或半边缘地位,但其国际竞争力以及国际影响力仍然十分有限,对留学生的招收和培养能力相对不足,实施高等教育国际化的目的是通过派出留学生学习世界一流大学的先进理念、教育模式,提升人才的国际化能力和科技创新能力,因此其学生流动主要表现为派出的留学人员数量不断增加,主要去向为发达国家的一流大学,而招收的留学生则更多来自邻近国家以及不发达国家和地区,留学生的招生数量和比例相对有限。相反,发达国家由于处于世界高等教育的中心地位,其优质的学术资源和学术声誉吸引了来自全世界的留学生,成为留学生的主要输入国,因此这些国家的世界一流大学在留学生招收数量和比例方面都远远超过 X 大学。

(4)教师队伍的国际化不断发展,但国际化水平仍有待提高。教师队伍的国际化主要包括教师的国际交流和访问、教师的国际化构成、高层次人才的引进以及外籍教师的聘任等方面。当前学校通过鼓励教师出国交流和访问,增加高层次人才引进力度,聘请各类长期、短期外籍教师进行讲座和任教,引进国内外人才来校任教等方式促进教师国际化的发展,并取得了一定的成效。"十二五"规划期间,X 大学的教师队伍建设基本实现了预期的国际化目标,教师队伍的国际化水平得到了明显的提升。通过实施人事制度改革,学校完成了终身教职(tenure-track)用人制度试点,建立了国际化的用人制度;通过多种渠道,加强了人才队伍的国际化建设。教师队伍的国际化得到了一定的发展,但国际化水平仍然有待进一步提升,表现为教师的国际化构成较低,专任外籍教师的数量较少,国际教师的整体比例偏低等。

第一,近些年来学校实施人才强校战略,采取多方面的措施大力促进教师的国际化发展。国际交流和访问是教师队伍国际化最基本的形式,主要通过国家资助、学校资助和个人负担的形式开展。其中国家留学基金委员会根据国家战略发展的要求以及合作的资源和项目对教师进行派出。国家公派高级研究学者、访问学者以及博士后项目,青年骨干教师出国研修项目,西部地区人才培养项目,博士生导师短期出国交流项目等项目都是针对高校教师、科研人员或行政管理人员而设置的国际交流项目。除了国家层面的项目外,学校也为教师的交流和发展提供支持,目的是为了促进教师发展、友好访问以及合作研究,资金来源包括学校的专项资金和教师的项目资金等。"十二五"规划期间,学校项目对教师的长期出国交流支持相对有限,更多的是支持教师短期访问交流,参加学术会议等形式,而"十三五"学科规划中,学校加大对教师交流的支持,将青年教师的长期出访与交流纳入资助体系中,促进教师的国际化发展。

教师的国际交流既包括本国教师的出国访问、学术交流等形式,也包括国外教师和学者来校进行友好访问,开展交流合作。图4-10显示了X大学2008—2013年境外来校访问人数,这些访问人数既包括教师、领导的友好访问,也包括学术交流、合作洽谈等事宜。可以看出,2008—2013年,不同类型来访人数有所波动,但总体上在不断增加。其中,2008年来访人数共468人,2009年为344人,2010年为387人,2011年共876人,2012年为502人,2013年达到954人,较2008年增加了约100.4%。

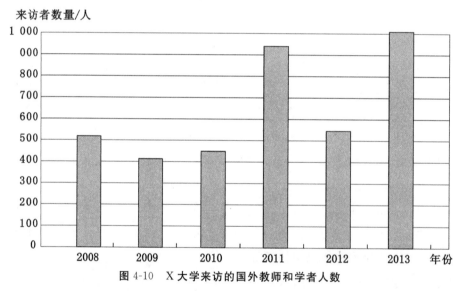

图4-10 X大学来访的国外教师和学者人数

2008—2013年,X大学来访的教师和学者数量在波动中不断增加,这一趋势体现了学校国际化交往程度的不断扩大,在国际交往的过程中,学校的影响力逐渐提升,学校与国外大学之间在科研、教学等方面的合作也越来越广泛和频繁,因此,来访的教师数量也不断增加。尽管如此,教师国际交往的程度和水平同世界一流大学相比,仍然有较大的差距。图4-11显示了哈佛大学2001—2009年期间的国外访问学者人数。可以看出,2001—2009年,哈佛大学的国外访问学者人数均超过2 000人,而2009年的国外访问学者人数达到了3 906人,远远大于 X 大学来访的国外教师和学者数量。

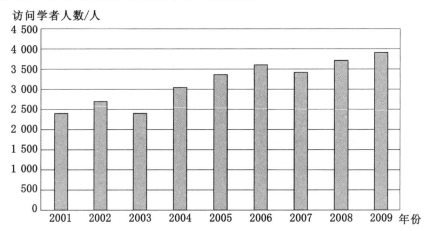

图 4-11　2001—2009 年哈佛大学国外访问学者人数

第二,引进高层次人才是促进教师队伍国际化建设的重要渠道。当前学校以学科建设为核心,以队伍建设为具体目标引进海外高层次人才。通过实施"千人计划""万人计划""长江学者"等一系列计划和项目引进国际一流水平的人才,同时通过引进和培养青年杰出人才、学术骨干、技术骨干与管理骨干促进教师队伍的国际化发展。"十二五"规划期间,学校的高层次人才引进已经取得一定成效,高层次人才的数量有了一定程度的增加。据统计,截至 2015 年 8 月,学校师资队伍中两院院士、长江学者、"千人计划"以及"青年千人计划"资助人才以及国家杰出青年基金获得者共 134 名,约占全校专职教师的 4.5%。尽管高层次人才的数量有所增加,但并未完全实现"十二五"规划规定的到 2015 年高层次人才(院士、千人、教学名师、长江、杰青等)数量达到 150 名的目标。

中国国际教育交流协会 2015 年发布的大学国际化调查报告将获得国外博士学位的专任教师比例作为衡量教师国际化的指标。根据调查显示,我国高校平均获得海外博士学位的专任教师人数为 38 人,占学校教师人数的 2.9%,其中"985 工程"大学获得海外博士学位的专任教师的平均值为 300 余人,占学校专任教师的比例为 11.8%。截至 2015 年底,X 大学共有海外学位的专任教师共 237 人,其中获海外博士学位的专任教师共 205 人,占学校专任教师的比例约为 7.6%,这一比例相比全国普通高校较高,但低于"985 工程"大学的平均值。

第三,学校通过引进外籍教师和海外讲座教师来拓宽文化、科研的国际化交流渠道,促进人才的国际化培养。外籍教师的聘用主要包括专任外籍教师、长期专家、短期专家以及荣誉学衔等形式。为了加强师资队伍建设,加快学校国际化进程,学校在"985工程"二期期间设立专项基金,实施了"百名外籍教师计划",通过公开选聘,约100名外籍教师被聘担任语言技能和专业课教学工作。根据该计划,2007—2012年期间学校共招聘外籍教师91名,几乎完成该计划的预期目标。其中2007年招聘7名专任外籍教师,2008年年聘任人数为12人,2009年招聘的专任外籍教师数量最多,共21名,2010年招聘16名,2011年招聘19名,2012年招聘数量为16人。2015年,学校聘任的专任外籍教师数量达到22人。尽管在该计划的促进下,近些年来学校专任外籍教师的数量有所增加,但是这些外籍教师的流动性相对较大,专任外籍教师的总体数量还十分有限,与其他"985工程"大学的外籍教师数量比较也仍有一定的差距。

除了专任外籍教师的聘任外,学校还通过聘任长期和短期外籍教师来促进师资国际化的发展。2010—2013年,学校聘请的长期专家数量稳固增长,2010年仅有57人,2011年为71人,2012年达到100人,而到2013年已经为124人,比2010年增加了约1.2倍。在历年聘请的长期和短期外籍教师中,来自美国的人数最多,其次为日本和韩国。其中,2012年,聘请的长期专家中,有68名来自美国,9名来自日本;聘请的短期专家中216名来自美国,156名来自日本;2013年,长期专家中有82名来自美国,12名来自日本,短期专家中,191名来自美国,149名来自日本。除了美国、日本和韩国外,聘请的外籍专家主要来自英国、法国、澳大利亚、加拿大、新加坡、意大利和俄罗斯等国家。2014年,来访的外国专家数量达到2 019人,执行各项国家重点引智专项、学校重点及常规项目共计162项。此外,学校还聘请43名海外学者为名誉教授、客座教授及客座研究员,其中包括诺贝尔奖得主4名。近几年来,学校越来越注重教师国际化的长效和稳定发展,致力于加大长期外国专家的聘请力度,以保证这些专家在相关领域更好地发挥作用。

尽管学校在外籍教师的聘任中做出了相应的努力,但学校整体的国际教师比例并不高,低于国内领先大学,与世界一流大学相比仍有较大差距。据统计,2015年,清华大学的国际教师比例为15.6%,南京大学的国际教师比例达到13.6%,而X大学的国际教师比例仅占8.2%。相比之下,世界一流大学国际教师都占有十分高的比例,其中耶鲁大学的国际教师比例已经达到49.8%,帝国理工学院的国际教师比例为 42.6%,牛津大学、哥伦比亚大学以及麻省理工学院的国际教师比例均超过 30%(见图 4-12)。

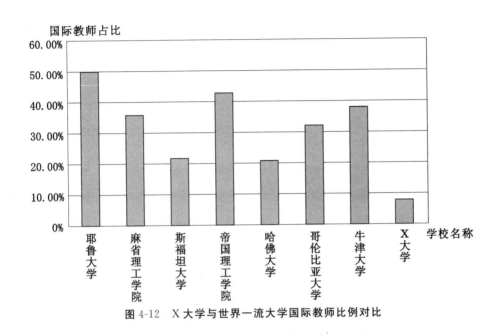

图 4-12　X 大学与世界一流大学国际教师比例对比

可以看出,当前 X 大学的教师队伍国际化不断发展,主要表现为来访的国外教师数量有所增加,长期外籍教师的数量逐年递增,高层次人才引进力度不断加大等方面。然而教师的国际化水平仍然不高,表现为获得海外博士学位的专职教师比例较低,国际教师的比例与世界一流大学有较大差距,教师的国际交往程度不高等方面。学校教师国际化水平低下的一个原因是全球高等教育发展的不均衡性导致的,发达国家拥有优良的基础设施,一流的学术平台以及自由的学术环境,在世界学科发展、学术研究以及知识体系中处于领导地位,对发展中国家的人才有着巨大的吸引力,使得处于边缘和半边缘的发展中国家对发达国家的科研方法、知识话语、研究领域以及知识体系有着高度的认同感和依附性。发展中国家的教育资源有限,缺乏世界一流的师资力量,在世界高等教育体系的边缘地位,而这种边缘地位使发展中国家在人才的吸引方面与发达国家相比缺乏竞争力,成为发展中国家人才流失以及人才引进困难的一个原因。因此,X 大学在世界高等教育体系的边缘地位从一定上解释了当前学校教师国际化构成不高、发展不均衡的现象,同时也制约着学校教师国际化的进一步发展。

总之,国际化的教学涉及课程、队伍建设、人才培养等多方面的内容。其中人才培养包括国内学生和留学生的国际化培养,队伍建设包括教师的国际交流以及国际化构成。其中教师与学生的国际交流与合作既是高等教育国际化的重要内容,也是国际交往的重要形式。在高等教育国际化过程中,教师和学生的交往程度决定了高等教育国际化和一体化的程度。同时,交往的国际化程度同大学在世界体系中的中心与边缘地位密切相关,西方发达国家的世界一流大学处于高等教育体系的中心,在国际学生流动市场中处于有利地位,是留学生主要输入国;而发展中国家是留学生和人才的输出国,在世界高等教育体系中处于边缘地位,其国际交往程度与发达国家相比存在较大差距。本研究表明,近些年来,X大学的高等教育国际交往范围不断扩大,国际交往程度不断加深,体现在公派出国留学人数整体呈上升趋势,留学生来源国数量不断增加,在校留学生人数逐年上升,国外访问学者人数有所上升,聘请的长期外籍教师数量不断增加等。但国际化的交往程度同世界一流大学相比仍然存在较大的差距,体现在留学生招生数量较少、招生人数的增长并不稳定、留学生的招生比例以及国际学生比例整体较低,留学生来源国集中在亚洲及非洲的不发达国家和地区;国内教师的国际化构成不高,国际教师比例相对较低等方面。同发达国家的高等教育国际化差距显示了当前X大学在世界高等教育体系中仍然处于边缘或半边缘的位置,尽管近些年来,学校的国际化教学水平有所提升,交往程度不断加深,但发达国家在基础设施、学术资源、人才培养能力等方面的优势使其更容易维持现有的中心地位,而处于边缘或半边缘的不利因素使X大学在向高等教育体系中心转变的过程中面临更多的挑战,对国际学者和留学生的吸引力相对有限,教学国际化的整体水平仍然较低,与国内一流高校相比较为落后,与世界一流大学相比仍存在较大差距,因此加大人才引进力度,促进队伍的国际化建设,提高人才培养质量,促进教学的国际化发展仍然是学校实施高等教育国际化的主要任务。

(四)国际化的科学研究

大学的科研能力是衡量世界一流大学的重要标准,世界一流大学无一例外都是研究型大学,它们都拥有一流的科研成果,享有很高的学术声望。我国的研究型大学在建设世界一流大学的过程中也都十分强调科研的重要地位。科研的国际化水平也是衡量大学排名的标准之一,例如,西南交通大学发布的大学国际化水平排名中,将国际化的科研与合作作为一个维度,其二级指标包括国际化的合作项目数、来自国外科研经费数、国际联合发表论文数、国外获得专利数以及中外联合实验室数等五方面。其中来自国外科研经费以及发表论文的数量被作为可量化指标对大学的科研国际化进行排名。近些年来,X大学的科研国际化水平逐渐提高,主要表现在科研成果的数量不断增加,国际化联合实验室和中心的建设不断推进等方面。根据西南交通大学的国际化排名,2015年,X大学的科研国际合作单项指标排名比2013年和2014年有较大的提升,位居全国前15位之列。同时在四川大学发布的全球大学科技竞争力排名中,我国有9所高校进入前100名,18所高校进入前200名。X大学在我国高校中位于前15名,全球前200名。

尽管学校的科研国际化水平得到进一步提升,但相比国内一流高校仍然呈现诸如举办的国际会议数量较少、国际化的科研经费数量有限等不足。本研究从举办国际会议、国外科研经费、国际化的科研成果以及国际化的联合实验室与研究中心四方面来考察X大学的科研国际化情况。

(1)国际会议数量较少,主要集中在优势学科。大学通过举办国际会议来促进科学研究和学术交流。X大学举办的国际会议总量比较有限,相比国内一流大学数量较少,并且每年举办的国际会议数量并无明显增加,会议的举办主要集中在学校的优势学科和专业领域。2007—2013年,学校共举办国际会议134场,平均每年举办22场,相比国内一流大学差距仍较大。例如,清华大学自2002年以来,每年举办的国际会议都稳定在60场以上,约为X大学的3倍。X大学每年举办的国际会议数量并无稳定增长趋势,其中2011年举办的国际会议数量最多,共34场,2009年举办的会议最少,仅8场。举办国际会议由学院发起和组织,由国际交流与合作办公室以及相关领导进行审批和支持。总体上看,各学院举办的国际会议数量并不多,并且学院之间相差较大。学术会议的举办数量与学科自身的发展情况有密切的联系,举办会议较多的学院的学科水平相对其他学科较高,学科排名较为靠前,并且一些学科属于学校发展的优势学科。六年期间,举办国际会议数量最多的学院可达到15场,而最少的学院仅1场。

(2)来自国外的科研经费数量并无明显增长,在学校科研总经费中所占比值较低。2008—2013年,以2010年来自国外的经费数量最少,2013年的经费数量最多;就经费占比而言,2008年国外经费占全部科研经费的1.4%,2009

年占1%,2010年占0.7%,2011年占1.1%,2012年占0.6%,到2013年占到1.2%。从以上国外经费数量和比例来看,2008—2013年,来自国外的科研经费数量及其占科研经费比例均没有明显的增长趋势。其间,X大学国外科研经费占全部科研经费比例的平均值为1.2%,与2015年普通高校的均值基本持平,比"985工程"大学的经费比略高。这是因为"985工程"大学的科研总经费数量差异较大,尽管X大学的国外科研经费占科研总经费的比例略高,但国外经费数量相比许多"985工程"大学仍然偏低。

(3)科研成果特别是高水平论文数量逐年增加,但排名较不稳定。本小节选取了X大学近十年来EI、SCI以及ISTP检索的论文数量以及在全国高校中的排名来考察其国际化的科研成果。2003—2013年,被SCI和EI检索的论文数量总体上呈增长的趋势,其中SCI检索的论文数量由2003年的454篇增加到2013年的2 585篇,十年间增长了约4.7倍;EI检索的文章数,除2012年较之前一年有所减少外,其余各年均呈增加的趋势。2013年EI检索论文数量为2 104篇,相比2003年的640篇增加了约2.3倍。从论文数量排名来看,EI和ISTP检索的论文数量排名普遍下降。其中,EI检索的论文数量排名由2003年的第6名下降到2013年的第20名,而ISTP检索的论文数量排名由2003年的第6名下降到2013年的第11名。SCI检索的论文数量排名在2009年之后有所提升,由2003年的第17名上升到2013年的第13名(见图4-13)。

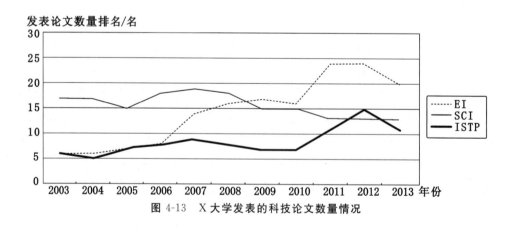

图4-13 X大学发表的科技论文数量情况

此外,有许多研究将ESI的评价指标作为考察高校科研发展的一个十分重要的参考依据。ESI(基本科学指标)是由美国科技信息所(ISI)于2001年推出的一项文献评价分析工具,通过分析科学引文索引(Science Citation Index Expanded,SCI)和社会科学引文索引(Social Sciences Ciation Index,SSCI)中收录的文献记录而建立的计量分析数据库。针对22个学科,对收录的文献从国家、机构名称、期刊、论文数量、被引频次、论文均被引频次等方面进行统计。ESI数据库通过对过去十年内文献的总被引频次为依据,选取了各学科论文总被引频次位于前1%的机构,构建了ESI世界前1%的学科数据库。目前全球各大排行榜和各个知名大学都普遍采用ESI来衡量和评价学科实力和科研水平,越来越多的大学把进入ESI全球1%的学科数量定为发展目标之一。此外,国际上的研究机构普遍将ESI排名前千分之一的学科作为达到国际顶尖水平的标准,亦可称为世界一流学科,学科的水平从一定程度上也体现了学校科研的实力和水平。

依据ESI数据库2016年11月公布的最新数据可以发现,X大学共有12个学科进入ESI前1%,这些学科按照论文总被引次数排序由高到低依次为工程、材料科学、物理、化学、临床医学、计算机科学、地球科学、生物及生物化学、药理学与毒理学、数学和社会科学。其中,工程类学科进入前1‰,已经步入世界一流学科的行列。

图4-14显示了2006—2016年X大学进入ESI前1%的学科每五年的发文总数、文章总被引次数以及篇均被引次数的变化情况(标准化结果)。可以看出,10年间,X大学无论在论文总数还是在论文的总被引次数方面,都呈现增长的趋势,其中文章的被引次数增长较快,这一趋势反映了X大学学科的不断发展以及科研水平和质量的不断提升。

除了论文数量、总被引频次以及篇均被引次数呈现不断增加的趋势外,X大学在ESI中的排名也不断提升。表4-8列出了2015年7月—2016年11月期间,X大学的ESI国际排名、国内排名、进入ESI前1%的学科数量、发表的论文总数、总被引次数以及篇均被引次数。从ESI每两个月更新的数据可以看出,从2015年7月—2016年11月,X大学入选ESI前1%的学科数量由8个增加到12个,论文总数、总引用数以及篇均引用数都呈现增长趋势,同时ESI全球综合排名也有较大的提升,2015年7月排在547位,2016年3月提升至第522位,2016年11月,ESI全球排名达到480位。这说明,X大学整体的学科和科研水平在全球范围内不断提升,显示出学校在世界学术体系中逐渐由边缘或半边缘位置向中心位置转变。

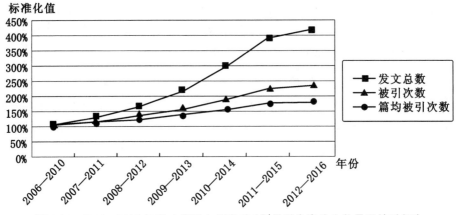

图 4-14　2006—2016 年 X 大学进入 ESI 前 1% 学科发表论文数量及被引频次

表 4-8　2015 年 7 月—2016 年 11 月 X 大学 ESI 排名

时间	入选学科数	ESI 全球综合排名	国内排名	总论文数	总引用数	篇均引用数
2015 年 7 月	8	547	19	23 557	145 603	6.18
2015 年 9 月	8	542	19	24 338	153 769	6.32
2015 年 11 月	10	540	19	25 066	162 202	6.47
2016 年 1 月	11	537	19	25 810	171 089	6.63
2016 年 3 月	11	522	19	26 749	181 635	6.79
2016 年 5 月	11	490	18	26 583	182 351	6.86
2016 年 7 月	12	484	19	27 395	192 039	7.01
2016 年 9 月	12	482	19	28 287	202 699	7.17
2016 年 11 月	12	480	19	29 105	212 553	7.30

表 4-9 显示，尽管 X 大学的学科和科研水平不断提升，在进入 ESI 前 1% 的学科数、发表论文总数、论文总被引频次、论文均被引次数以及高被引论文数等方面与同位于学术体系中心的世界一流大学仍存在差距。从表 4-9 可以看出，X 大学进入 ESI 前 1% 的数量为 12 个，而选取的世界一流大学中，绝大部分大学的 22 个学科全部进入 ESI 前 1%，其中哈佛大学 22 个学科的发表论文总数、总被引次数、论文篇均被引次数以及高被引论文数均为世界领先。

表 4-9　X 大学 ESI 前 1％学科与世界一流大学的对比（单位：篇）

学校	进入 ESI 前 1％的学科数	发表论文总数	论文总被引次数	论文均被引次数	高被引论文数
哈佛大学	22	184 707	5 569 706	30.15	8 394
斯坦福大学	22	71 652	1 948 670	27.20	3 258
加州伯克利	22	65 038	1 736 915	26.71	2 817
剑桥大学	22	68 649	1 672 342	24.36	2 374
普林斯顿大学	19	27 384	719 552	26.28	1 230
牛津大学	22	76 205	1 880 593	24.68	2 816
哥伦比亚大学	22	65 516	1 621 826	24.75	2 412
耶鲁大学	21	55 114	1 416 433	25.7	1 987
X 大学	12	28 287	202 699	7.17	232

从以上数据可以看出，近些年来 X 大学的科研国际化水平不断提高，具体表现在发表的科技论文数量排名不断上升，进入 ESI 前 1％的优势学科数量逐渐增加，优势学科发表论文总数、论文总被引次数以及篇均被引次数不断提升，学校的全球学科排名逐年递增，科研的国际化由边缘半边缘逐渐向中心转变，同世界一流大学的差距正在逐步缩小。尽管如此，X 大学在一流学科的数量、优势学科论文被引频次以及高被引频次三方面同世界一流大学仍然有较大的差距，学科水平和质量有待进一步提升。这种差距体现了高等教育体系的不平等地位，处于中心地位的世界一流大学依托本国丰富的学术资源和平台，汇聚了世界一流的学者，具有较强的科技创新能力，成为知识生产和传播的中心；而 X 大学在资源、人才以及能力方面的劣势使其科研水平相对较低，同时，这种不平等的现象也使 X 大学在向世界学术体系中心转变过程中面临更大的挑战。因此，只有通过不断加强与世界一流大学的合作，才能不断提升学校的科研创新能力，推动学科的国际化发展，实现世界一流学科建设的目标。

（4）依托国际化联合实验室与研究中心，促进一流学科建设。国际化的科研与合作还体现在学校的国际联合实验室和联合研究中心的数量方面。联合实验室是教育部面向国际学科前沿和国家重大需求推出的重要战略，对于推进世界一流大学和一流学科建设十分重要。国际联合实验室的建设主要依托学校的优势学科领域，是学校开展国际科研交流与合作的学术中心，通过实验室的建设,促进一流学科的建设和发展,提升学科的国际影响力,汇聚一流的创新人才,从而使人才培养的质量达到世界一流。2015年,X大学共建立了5个联合研究中心和3个联合实验室,在国家最新批准的国际联合实验室建设名单中,又有一个联合实验室获得批准。这些实验室和研究中心几乎都集中在能源、机械和材料等学科和领域,而这些领域都是学校的优势学科,通过发挥自身的优势,通过建立联合实验室开展与国外大学的合作研究,从而引领学校国际化的发展。

(五)国际化的合作与联盟

高校通过签署协议建立伙伴关系,形成国际化的联盟,从而促进自身的国际化发展。国外许多高校和研究机构的国际化指标体系中都包含国际化的合作伙伴关系或国际化联盟这一维度。X大学围绕国家战略,积极创新思路,通过多方渠道建立伙伴关系和战略联盟,与国外知名大学与研究机构建立了合作关系,通过海外教育项目不断促进学校的国际影响力,为学校国际化发展提供了更多的契机。

X大学与来自美洲、欧洲、亚洲和大洋洲的二十多个国家、研究机构以及企业等建立了合作伙伴关系。至2015年,学校已经与哈佛大学、剑桥大学、麻省理工学院、新加坡国立大学、澳大利亚新南威尔士大学等155所世界知名大学开展了双学位、联合培养、合作研究、共建研究中心等实质性合作,共签署了三百多项合作交流协议、宣言、框架以及备忘录。通过这些协议和伙伴关系,合作双方互派学生、学者进行访问交流,互认学分或学位,进行学术交流和科研合作,为促进学校与国外大学和研究机构、企业的深层次、实质性合作奠定了基础。2013年,在合作伙伴关系框架下来访的机构超过90个,来访人数超过1 000人。

此外,X大学围绕国家"一带一路"倡议,积极发挥大学在新丝绸之路经济带建设中的社会引领作用,成立"丝绸之路经济带协同创新中心",首倡"丝绸之路学术带"的理念,并向海内外高校正式发起成立"新丝绸之路大学联盟"。2013年,习近平主席在对中亚的访问中首次提出共建"丝绸之路经济带"构想,希望促进欧亚各国的经济联系,推动深入合作,提供广阔的发展空间,造福沿途各国人民。在该构想背景下,在全球高等教育相互融合,合作发展日益紧密的趋势下,X大学于2015年向海内外高水平大学发出倡议,共同成"新丝绸之路大学联盟"。该联盟是海内外大学结成的非政府、非营利性的开放性、国际化高等教育合作平台,以"共建教育合作平台,推进区域开放发展"为主题,推动"新丝绸之路经济带"沿线国家和地区大学之间在人才培养、科研合作、文化沟通、校际交流、政策研究、医疗服务等方面的交流与合作,培养具有国际视野的高素质人才,服务于"新丝绸之路经济带"沿线及欧亚地区的发展建设。在该联盟的基础上,成功举办了一系列校长论坛、留学生文化节、联盟高校对接等一系列活动。通过联盟的平台和纽带作用,与25个海外联盟成员共签订了22项合作协议,并吸引22个国家和地区的106所大学加盟"新丝绸之路大学联盟"。可以看出,大学之间通过建立合作伙伴关系形成国际联盟,对于学校继续开展深入合作,达成合作协议,促进长效和实质性的合作与发展,从而促进国际化起到了十分重要的作用。

除了建立合作伙伴关系外,许多大学在海外设立教育项目,这些项目既包括商业性教育活动,也包括非商业性的国际服务、文化交流等项目。其中孔子学院是一种非营利的教育交流形式,是我国大学实施高等教育国际化对外服务与交流的主要渠道之一。其目的在于加强世界各国和地区人民对中国语言文化的了解,促进中国与世界各国教育文化交流合作,发展中国与外国的友好关系,推动世界多元文化发展。目前,X大学共有两所孔子学院,分别成立于2007年和2008年,通过孔子学院的文化和语言交流,促进了学校之间的相互了解,为进一步深入实质性合作提供了纽带。实际上,学校与外方机构的合作并不仅限于文化和语言,通过孔子学院的桥梁作用,两所外方机构都与学校签订了一系列的协议和备忘录开展合作研究、学术交流、教师访问、学生交换、联合培养、建立文化交流合作中心、实施合作办学以及资源共享等多方位的国际化合作。2007—2015年,学校与合作的两所外方大学共签署了6项合作交流协议和备忘录,促进了学校的国际化发展。

在X大学国际化发展过程中,签署协议、建立伙伴关系、形成国际化联盟、开展国际合作都是学校或院系层面国际交往的主要形式,通过扩大学校与其他国家、地区、高等机构之间的国际交往,加强与世界各国的联系,一方面可以为学校教师、学生、科研的国际交流提供更多渠道和机会,同时也促进了不同国家地区的友好往来,推动了地区的经济、社会发展,从而进一步推动生产力以及世界历史的发展。因此,进一步拓宽交往渠道,加强与世界不同国家和地区之间的交往与合作,是当前实施高等教育国际化的重要内容,也是促进高等教育一体化,实现高等教育现代化的重要力量。同时,全球化的多极化发展以及多元共存的现实使得高等教育国际化的发展也不再是以西方为中心的单一互动,而是发展中国家在高等教育国际化的过程中与发达国家和其他发展中国家的多元双向互动。这种双向互动体现了发展中国家不断提自身影响力和话语权,增强本土意识和自主性,摆脱对发达国家的依附,实现借鉴超越式发展的过程。

近些年来,X大学的高等教育国际化得到了迅速的发展,尽管同世界一流大学仍有较大差距,国际化的竞争力仍然十分有限,但国际化发展的过程中呈现出双向互动的特点。首先,这种双向互动体现在寻求合作伙伴和渠道来源方面。过去学校或学院更多地通过访问国外知名大学,依靠学科带头人或出国访问教师等渠道主动寻求与国外大学的合作伙伴关系,但是近些年来,随着学校的国际影响力不断扩大,也有一些国外的大学主动来寻求合作与交流,尽管国外大学寻求合作交流的动因之一是获得更多的经济收益,但学校的影响力,合作学院的专业内容和专业吸引力也是一个十分重要的考虑因素,这种合作来源的双向性体现了X大学高等教育国际化发展过程中取得的一些新的进展。其次,在学生的国际交流方面,X大学留学生的招生和培养力度不断加大,留学生的数量不断增加。特别是"新丝绸之路大学联盟"成立以来,学校新招收留学生的数量比前一年增加了约36.3%。留学生数量的迅速增加体现了学校高等教育国际化水平和培养能力的不断提高,同时也是学校国际化影响力不断扩大的一个表现。最后,在高等教育国际合作交流过程中,X大学的国际化并不是单一地依附和学习西方国家的语言、技术以及文化,引进西方的专家、学者进行讲学,同时也积极走出去开展与其他国家的多维双向互动。既注重同发达国家的合作,也不断开拓与非西方国家合作的多样化国际教育合作途径。通过加入国际学术组织,参加国际学术会议、论坛,学习和引进发达国家的经验和技术,开设孔子学院,赴国外进行讲座和讲学,开展对外教育服务等途径,积极传播我国的先进文化,扩大学校的国际影响力,从而实现高等教育的多元双向互动。

（六）中外合作办学

高校是实施中外合作办学的主体，随着高等教育国际化的发展，中外合作办学作为一种特殊的办学形式，对于促进高等教育改革创新，引进国外优质教育资源，建立深入的教育合作发挥着重要的作用。当前 X 大学的中外合作办学数量在"985 工程"大学中处于较为领先地位，中外合作办学机构和项目数量相对较多，中外合作办学层次较高，中外合作办学指标在全国高校中排名较为领先。

根据教育部公布的数据显示，截至 2015 年 6 月 29 日，我国中外合作办学机构数为 58 个，与港澳台地区合办的机构数量为 6 个，中外合作办学项目数为 1 045 个，与港澳台地区合办的中外合作办学项目为 41 个。这些中外合作办学机构和项目主要集中在东部的 11 个省、市、自治区，其他地区特别是西部地区的数量还相对较少。中外合作办学层次主要是本科层面，研究生层面特别是博士层面的中外合作办学机构和项目数量较少。我国 39 所"985 工程"大学中外合作办学机构数量为 21 个，约占 39 所"985 工程"大学合作办学总数的 14.1%，中外合作办学项目 96 个，约占 64.4%，港澳台地区实施的合作办学机构 1 个，约占 0.7%，而港澳台地区实施的合作办学项目共 31 个，约占总数的 20.8%[②]。

目前 X 大学的中外合作办学数量相对较多，合作办学层次较高，相比其他"985 工程"大学的中外合作办学具有一定的优势。合作办学机构 2 个，分别是与国外大学合办机构以及与港澳台地区合办机构；合作办学项目共 6 个，包括 2 个中外合作办学项目和 4 个与港澳台地区合办项目。合作办学机构实施本科、硕士以及博士层面的教育。合作办学项目中只有 1 个项目实施本科教育，其他项目均实施硕士层面的教育。合作办学项目开设的专业主要以管理为主，包括信息管理、工商管理等，而合作办学机构的专业系所设置较为全面，包括中国研究、建筑、生物、化学、土木工程、计算机、电子与电气、英语、环境、能源、材料、公共政策、工业设计、商学院、数学系、城市规划与设计等专业。

由于合作办学是国内大学和国外高等教育机构共同举办的一种特殊的教

---

② 数据来源：教育部审批和复核的机构和项目名单 http://www.crs.jsj.edu.cn/index.php/default/index/sort/1006

育形式,因此在合作的过程中,国际化与本土化的特点更加明显,而正确处理合作办学过程中国际化与本土化的关系也是高等教育国际化的一个重要内容。通过合作办学,可以促进学校与国外高校的实质性合作,有助于推动学校的国际化研究,促进教师与学生的交流,推动教学的改革和创新,营造国际化的氛围,提升学校的国际影响力和竞争力。概括起来,X大学的合作办学在国际化方面具有以下特点:

第一,明确了国际化的使命和愿景。X大学与国外大学建立的合作办学机构和项目基本延续了外方合作机构的理念,十分注重愿景和使命的陈述,并且在愿景与使命陈述中突出了国际化的理念,如建设国际化大学,培养能够适应国际环境,具有国际经营战略决策能力以及具有国际视野和竞争力的人才,促进大学的世界领先地位,搭建国际化平台等内容。

第二,采用国际化的机构设置和管理模式。在机构的设置方面,X大学的合作办学项目采用委员会的形式对合作办学的运营、监督和管理进行负责。根据合作办学机构和项目的不同,委员会的设置形式和内容也不同。总体来说委员会是由合作双方共同组建,共同负责项目运行,委员会由合作双方各派一定比例的人员构成,在合作双方共同协商的情况下分别担任项目和机构的不同职务。在联合委员会的统筹管理下,下设负责教师、课程等具体办学事务的委员会,如课程设置委员会、教师遴选委员会、教学行政服务委员会等。相比之下,合作办学的机构中,组织机构设置规模更大,设置的机构更为全面,无论是领导层还是各分支部门,都包括一部分外方合作院校人员,并且现任高层管理人员中有一半的人员来自合作大学。

第三,教学国际化程度较高。国际化的教学在合作办学中尤为突出。合作办学的目的之一是引进国外的优质教学资源,因此无论是在教学内容还是教材上都具有很高的国际化程度,在X大学的合作办学机构和项目中,由于教师来自外方机构或中方院校派出的具有国际化背景和经验的高水平教师,因此授课内容与方式都与国际前沿的知识与内容紧密联系,使用的教材基本上是国外的教材,大部分项目和机构的授课语言为英文。中方派出的教师基本都具有双语授课能力,一些专业还采取实践、工程坊、辩论等以学生为中心的教学模式。在教师的来源和构成方面,合作办学项目的绝大部分教师来自于外方机构,而合作办学机构中,教师中外教比例最高可达到80%。

第四,促进了国际化的交流合作。合作办学机构或项目的成立是在与国内外大学建立合作关系,签订合作协议的基础上逐渐实施起来的。为促进国际化的发展,合作双方通常签订一系列的后续协议协商人才的联合培养、交流交换、学位授予等方面的内容。这些协议一方面促进了合作办学机构和项目的发展,同时也促进了学校之间的国际交流和往来,从而为学校实施高等教育国际化提供更多的机会,推动学校国际化的发展。从这个意义上看,合作办学机构或项目在合作双方院校中起着桥梁和纽带的作用,通过合作办学的平台,促进学校之间更深入的合作和研究。例如,在X大学与香港理工大学的合作办学项目中,定期组织两校的学术交流与合作,并通过该项目搭建的平台,推进了两校之间的科研合作,同时还成立了"文化创意产业协同中心"来促进人才培养、学术研究和社会服务。此外,学校在与美国、加拿大、英国等国家实施合作办学项目的基础上建立了校际合作关系,通过签署合作协议和备忘录,促进师资培训、学生交流、合作研究、联合培养等一系列国际化活动的开展。

同时,合作办学在政策发展、机构设置等方面也体现了本土化的特点。从政策发展来看,X大学的合作办学主要依据国家出台的合作办学相关法规、条例和政策具体开展实施。这些政策主要经历了探索发展,初步形成,规范发展以及快速发展四个阶段。2003年之前,为了扩大教育对外开放,引进教育资源,提升我国高等教育水平,国家大力鼓励合作办学的发展,然而这一时期,由于合作办学政策并不完善,合作办学实施过程中出现了办学主权、公益性以及质量等问题,导致这些问题的原因之一是合作办学过程中未处理好国际化与本土化的关系,一些合作办学机构对国外的教学理念以及办学模式不加甄别地全盘吸收,合作办学成为办学机构获得经济利益、向国外输送学生的主要渠道,违背了办学的公益性,影响了合作办学质量。因此,在2003年出台的《中外合作办学条例》以及2004年出台的《中外合作办学条例实施办法》中,明确规定了中外合作办学的合作方性质、中外合作办学的机构管理层以及教师构成的内容。其中,外方合作机构必须为国际上或者所在国著名的高等教育机构;合作办学设立的理事会、董事会或者联合管理委员会的中方组成人员不得少于1/2,合作办学机构的校长或者主要行政负责人,应当具有中华人民共和国国籍;合作办学的师资队伍由中方和外方教师共同组成。这些政策内容的转变体现了国家在合作办学过程中不断协调国际化与本土化关系,维持国际化与本土化的合理张力。合作办学在引进教育资源、加强国际合作以及促进教学改革创新具有重要的作用,已经成为高等教育国际化发展的重要力量,但同时由于合作办学的特殊形式,协调好办学过程中国际化与本土化的关系,维护本土利益,保证合作办学质量,对于学校的高等教育国际化发展同样具有十分重要的意义。

二、X大学师生感知的高等教育国际化状况

教师和学生是高等教育国际化的主要参与者,教师和学生对国际化的理解和认识一定程度上能够反映出学校实施高等教育国际化的现实情况。本研究对X大学包括专任教师、行政管理人员,以及研究生在内的20名人员进行半结构化访谈,以考察他们对高等教育国际化的内涵、动因、国际化影响因素、中外合作办学方面的认识和感知情况。

1.高等教育国际化的内涵分析

从教师与学生对国际化的认识和感知来看,尽管被访谈的教师与学生对高等教育国际化内涵的认识并不相同,但都涉及高等教育国际化的不同方面。一些教师强调国际化的人员流动,认为大学的国际化主要是教师和学生的双向交流,即走出去和引进来,既包括本国教师和学生出国访问,也包括国外教师和学生来访。

"国际化主要是两部分,第一部分是老师们的合作,特别是中青年教师与世界各国的互派,别的学校的老师来我们这,我们出去……学生的双向项目比较多,我认为目前国际化主要分为两部分,即教师和学生的交流。"(D)

一些教师强调国际化的课程,认为国际化就是要建立开放的课程,使国内外的学生通过网络、课堂等多种途径获得学校的课程,这些课程既包括中文课程,也包括英文课程。

"从高校的角度来说,就是我们的课程要开放,不仅面向国内的学生要开放,面向国外的学生也要开放,他们也能来听,这些课程不光是中文,而且也有

英文的课程。"(B)

一些教师认为大学的国际化是宏观和微观各个方面的配合协调,既包括国际化可操作的实践层面内容,如人员交流、教学、科研、国际化的支持设施等,又包括理念层面的内容,如大学的国际化战略、包容接纳的大学文化。

"国际化的一个重要内容体现在人才方面,要有国际交流,要有一定外国学生的比例,自己的学生要能走出去。国际的合作科研,要真正地融进去,跟国外的交流,全方位的都要融进去。从更深的文化上,要能包容接纳,小的地方从学校的陈设、用品、生活用品等,让外国人来学习交流觉得很方便,很适应。大到学校国际合作的战略、学校的活动,如大学联盟、学院里的学科规划、要有多少国际合作?都很重要,相互之间要协调,配合。如果不配合,战略定的再好,不配合不行,下面做得好,没有战略支持也不行。"(A)

高等教育国际化的各个要素之间并不是孤立的,而是相互联系、相互促进的,一些教师对国际化内涵的总结就体现了这种各要素之间的相互关系。

"首先是教师的国际化,这一点我们还差得很远,其次是学术水平的国际化,这两点也是密切相关的,人员构成国际化后,水平自然就上来了,然后就是课程设置,教师保证做科研,还要去讲课。目前我们的很多课程设置还达不到国际化。此外,还要有国际化的氛围,如国际会议、有高端的学者来做报告,还要有自己的学生做交流,出访。"(G)

一些教师从学术和文化的角度总结了国际化的内涵,认为实施国际化是在全球化以及信息技术发展作用下的必然结果,通过设立学科的国际标准来推动学校的学术发展和世界一流大学建设,提升学校的国际化水平。此外,通过人员的国际交流以及国际办学来促进文化的交流和沟通,加强学校与国外大学的相互理解和认识。

"实施国际化对学校来说就意味着运用国际标准来衡量学校的学术水平,这对学校的发展十分重要。一方面通过人员的交流或对外设立孔子学院,可以将我们的文化传播到国外,另一方面,将国外特别是发达国家的人员引进来,有助于促进他们对于中国的认识。"(N)

一些教师强调了理念对国际化的重要性,认为单纯的人员交流和流动并不能代表学校的国际化。大学实现国际化更重要的是要有开放的态度,应该注重理念和经验的引进和学习,应该具有国际化的视野,不断开阔思路,通过相互交流和学习等多种途径提高国际化的能力,提升学校自身的水平和学校的国际影响力,同时更要增强学校与其他国家的平等对话的能力。这些方面内容突出了国际化理念维度的重要性。

"大学首先要有博大的胸怀,敞开胸怀,要广泛地吸收世界一流大学先进的办学和教学理念,运用这些理念来吸引优秀的师资,能够到学校来生活,来培养学生,特别是不同地区不同研究领域的人来,本身有个互相交融互相学习的过程,这对开阔视野,拓宽思路有很大帮助,对学生的发展有很大帮助,对教师的提升与发展也有很大帮助。另外,我们同新晋的不同国家的合作研究对科研的发展,增加学校的影响力也有很大帮助。"(H)

"国际化是双向的,走出去,请进来,大学自身要有培养基础、培养理念,以及自身的水平,能站在国际化的平台上,如果没在这样的平台上,就不能够谈交流的对等,必须要有对话的国际化的资本、基础、能力。当然首先是国际化的视野,不是单单请几个外国人就成了国际化,应该避免这方面的现象。"(I)

此外,有个别教师从较为全面的角度讨论了国际化的内涵,认为高等教育国际化的要素涉及大学的各方面,包括教师、学生的交流,留学生的招收,学术的国际化,大学的国际影响力,大学的校园文化等方面内容。但是总体来说高等教育的国际化与国家的实力以及学校自身的实力有密切的关系,国家实力和学校整体实力的提高是影响高等教育国际化发展的重要因素。

"大学的国际化就是全方位的概念,直观上看,校园里有很多外国留学生,师资队伍里有很多外国的专家学者,发表的论文、写的专著在国际上产生影响,我们的教师关注国际前沿问题,在国际会议上能否做主题报告发言,是不是国际权威,包括校园文化,现在的国际化程度已经很好了。这与国家实力有关系,国家实力上不去,也不行。现在陆陆续续主动找上门来寻求合作的国外机构越来越多,这与我们宣传有关系,但根本上讲,学校自身和国家要有实力。"(J)

表4-10总结了教师和学生感知的高等教育国际化的内涵,不同教师和学生对高等教育国际化的内容理解可以分为实践和理念层面。实践层面主要是高等教育国际化的活动,包括人才培养、队伍建设、科研与学术以及国际交流合作四方面。

第四章 我国研究型大学高等教育国际化个案分析

表 4-10　教师和学生感知的高等教育国际化内涵

被访者	国际化的内涵	
	实践层面	理念层面
A	教师和学生的国际交流、留学生	文化、战略、国际化氛围
B	教师和学生的国际交流、课程、留学生	
C	学生与教师的国际交流、国际合作项目	
D	教师与学生的国际交流、教学的国际化、国际合作与科研	
E	人员的交流、课程和教学国际化	国际化的理念
F	国际化的人才培养、教师与学生的国际交流、科研与学术国际化	文化传播
G	教师的国际交流、国际化课程、国际化的科研与学术	
H	国际化人才引进、国际化人才培养、国际合作研究、留学生	国际化的理念和视野
I	国际化的队伍建设、留学生、国际化的科研和学术	国际影响力、校园文化
J	学生交流、国际化的课程、国际学术研究	
K	教师和学生的国际交流、留学生招收	
L	国际化的课程、留学生、国际学术交流、国际化的学术标准	国际化的理念
M	教师的引进与交流、学生的派出、国际学术会议	国际化的氛围
N	高层人才的引进、教师的派出和交流、留学生	
O	教师和学生的国际交流、高层人才的引进、国际科研合作、国际学术交流	国际化战略、国际化的意识
P	学生的交流、派出与学习、学分互认、留学生、国际化的课程与教材	
Q	国际化的课程与标准、教师的国际交流与互派、留学生	
R	教师与学生的交流、留学生、国际学术会议	
S	人员的国际交流、国际学术合作与研究	国际化的理念、意识与校园文化
T	留学生	

我国研究型大学国际化政策与现实

其中,人才培养包括本国学生的国际交流、国际化培养、留学生的招收与培养以及国际化的课程与教学四方面。人才培养内容是提及最多的内容,共出现31次;其次为队伍建设,主要包括教师的交流、人才引进两方面,共出现16次;国际化的科研和学术也是教师和学生感知的高等教育国际化的内涵之一,共出现11次。此外,国际化的合作是相对提及较少的内容,共出现5次。而理念层面的国际化主要包括国际化的理念、意识、文化、氛围以及战略等内容,这些内容相比实践维度的国际化内容提及的频次较低。

可以看出,被访谈的教师和学生都不同程度地提到了学校实施高等教育国际化的一个或多个方面,对高等教育国际化的认识并不陌生,认为学校高等教育国际化体现在政策、活动、制度和文化等方面,已经成为学校发展的一个客观现实。同时,通过访谈也发现,教师和学生对高等教育国际化的感知和认识主要停留在活动的层面,只有少数教师和学生从战略、文化、氛围以及理念的方面去概括高等教育国际化。此外,当前合作办学的研究和发展现实表明,合作办学是我国高等教育国际化的重要组成部分和有力补充,同时也是我国研究型大学高等教育国际化要素的重要内容之一,尽管当前 X 大学合作办学机构和项目的实施具有一定的优势,在国内处于领先水平,但教师和学生对合作办学的认识却相对有限。

通过对 X 大学教师和学生的访谈,我们发现,在谈及高等教育国际化的内涵时,很少有教师和学生主动提到合作办学,而当笔者问起对合作办学的理解时,几乎所有的教师和学生都认为合作办学是大学国际化的一部分,但是在涉及什么是合作办学、学校的合作办学有哪些、合作办学与学校实施国际化的关系等问题时,教师的感知和认识呈现较大差异。一些教师缺乏对合作办学内涵及其重要作用的认识,并不清楚什么是合作办学,对自己学校实施的合作办学情况并不了解。而另一些教师认为学校目前对于合作办学的重视程度不足,对合作办学的宣传力度也十分有限,因此教师对合作办学的认识和了解也十分有限。

"合作办学与我们日常的工作没有太大的联系,不是很清楚。"(G)

"学校对合作办学的态度,并不反对,但对合作办学积极意义的认识程度不够或不清楚,或者决策层的认识,到底合作办学对学校学科发展的比重,不一定想得很清楚,领导对合作办学可能想得不够,如果能够考虑到对学校发展都很

有好处。"(M)

只有一些负责合作办学的教师能对合作办学本身以及合作办学与高等教育国际化的关系有清晰的认识。合作办学作为一种特殊的合作形式,其意义在于能够深化和促进学校的国际化发展,同学校的国际化发展相辅相成,合作办学可以促进我国高等教与国外高等教育机构合作向深层次发展,与此同时,通过合作办学建立的平台也可以促使学校科研、学科、教师交流和人才培养等多方面的国际化发展。

"老师之间的民间合作,比较好操作,有史以来都有,而通过合作办学加深了合作,并不矛盾,不管合作办学办不办,不影响其他层面的合作,通过这种合作官方之间建立联系,建立互动,暑期课程,论坛,学术研讨会……但是当前,合作办学是独立运行的,学校对于这方面的重视程度或者说意识还是不足。"(M)

2. X大学高等教育国际化动因分析

高等教育国际化的动因是一个国家、教育部门或高校开展国际化活动的驱动力,反映了一个国家或高校在实施高等教育国际化背后的考虑和原因,国家不同、机构不同,实施高等教育国际化背后的考虑也不同,以下从X大学的个案出发,考察了X大学师生感知的高等教育国际化动因,丰富了高等教育国际化动因的本土研究。

一些教师认为,大学实施高等教育国际化是外部力量作用的结果,这些外部力量包括全球化的推动、全球高等教育国际化发展的潮流和趋势。在全球化和高等教育发展的趋势下作用,大学不可避免地应当顺应这个趋势。

"这个也是大势所趋,现在随着中国的崛起,在高等教育领域,国际化是一个趋势,中国大学在这个国际领域要冲到前面去,要有国际留学生,国际化是很重要的一方面,包括派出去、请进来,包括学术作品、发表论文的国际化程度,从国际排名方面……在高等教育领域也是大趋势。"(J)

也有一些教师认为,大学实施高等教育国际化的一个主要原因是对国家政策的回应。首先,大学实施高等教育国际化的一个主要的动力来源于国家政策。我国在1998年提出建设世界一流大学的目标,开始实施"985工程",并提出了相应的实施计划和项目,研究型大学是这些计划和项目的实施主体,因此政策要求是大学实施国际化的原因之一。其次,国家为了提高高等教育质量,

我国研究型大学国际化政策与现实

开展了一系列的评估,这些评估将国际化的内容作为重要的组成部分。例如,教育部学位与研究生教育发展中心实施的学科评估,就包括师资与队伍资源的国际构成情况,在国外期刊发表学术论文的数量、发表论文的他引次数及高被引论文数量,授予学位的境外留学生数量及学生的国际交流等内容。这些都反映了大学实施高等教育国际化是对国家政策的回应。

此外,国际化是促进国家发展和建设的重要途径。教学、科研以及服务是大学的基本职能,这些职能决定了大学应该服务于国家建设,通过培养高水平、国际化人才来促进国家建设,保障国家安全。

"当前教育部实施学科评估,一些指标涉及国际化的内容,学校要想在学科评估中取得好的成绩,就必须实施国际化。"(D)

"国际化是一个很重要的层面,是国家的需求,是国家的战略,要承担大国责任,也应该实施国际化。"(J)

"大学实施国际化是为了实现国家文化软实力建设的任务,我们国家培养的人才将来回到他们国家,做到高官,在制定政策的时候就有利于中国,这方面也有很重要的意义。"(K)

"大学承担的使命中,有为国家为社会服务的使命,承担着对国家负责的任务,从这个角度看,国家也希望大学走国际化的道路,目的是提高国家的创新能力。因为国家的创新能力能保证国家的安全,人民生活的水平,国家的竞争力,所以这是一个政治方面的,国家反馈到大学,希望大学这么做,大学也有这样的使命回应国家。"(F)

"我们实施国际化的一个原因是从人才培养的角度出发,改革开放以来,我国逐渐与世界接轨,这种接入就要求我们要培养具有国际视野的人才,出于这样的理念,我们要实施国际化,特别是对于研究生,要做研究,要面向世界,因此从培养高等人才的角度来说,必须要实施国际化。我们国家实施"985工程"以来,一些高校的学科得到了很大发展,特别是在硬件方面,一些设备水平不亚于国外,但是从人才培养的角度来说,我们还有很大的差距。此外,科学技术的发展为我们提出了新的要求,我们国家虽然在很多方面也有很大的进步,有很多科技成果,但是与发达国家特别是美国等国家的差距还很大,如何从追踪到赶超,就要求我们要向这些国家学习。"(O)

一些教师认为,大学实施高等教育国际化的主要目的是为了促进大学的发展,提高大学的竞争力和影响力,这是大学实施国际化的内在动因。大学自身的发展包括教学、科研、人才培养等多方面的内容,大学通过参照国际标准,吸引世界一流人才,加强队伍建设,培养具有国际视野和国际能力的人才,提升科研和学科在国际上的影响力,使大学在国际竞争和排名中处于领先地位。

"国际化就是大学为了自身的发展、学术发展、人才培养和社会服务,大学自发或受外部力量驱动地打开校门,引入多元文化,输出自己的文化,鼓励自己的教师、学生进行多项度,多维度的学术、学习、科研的交流过程。最终的目标是提升大学的学术能力、综合实力。"(F)

"因为全球都展开人才的争夺,各个大学都希望自己能够培养出高层次的、国际水准的、国际视野的精英人才……人才竞争的局面就导致了全球各个高校必然有一个高等教育国际化的趋势,所以说我们学校提出这个,希望能够加快国际化进程,希望能够和世界同步,而不是落后。要和世界同步发展,必须要站在同一个起跑线上,他们的人才培养模式、管理、师资、学生、课程要求,必须与国际接轨,要发展必须要国际化。"(H)

表4-11列出了不同被访者感知的高等教育国际化动因,通过对文本意群归类并统计词频可以看出,X大学实施高等教育国际化的动力主要来自于外部和内部两个方面。

表4-11　X大学教师和学生感知的高等教育国际化动因

被访者	国际化动因
A	全球化的外在要求;国际化发展的趋势;了解国际学术前沿,促进学术发展
B	拓宽师生学术视野;促进学科发展
C	促进学校整体发展和学科发展
D	教育部的要求;学科发展与排名
E	提高学校的声誉和排名
F	提升学术水平;服务国家建设保障国家安全;提高人才培养质量;提高学校的声誉、排名以及竞争力
G	提高学术水平和影响力;促进科学研究发展
H	必然趋势;提高人才培养的层次和水平;吸引更多的人才;提升学校的整体实力和竞争力;提高学术水平

续表

被访者	国际化动因
I	全球教育发展的大趋势;全球化和一体化的必然要求;促进人才培养;应对学科评估,促进学科发展
J	当前教育发展的趋势;国家战略发展的要求
K	吸引人才;促进学科发展;提高大学的国际声誉和地位
L	促进教师和学生的发展,提高人才培养质量
M	提高人才培养质量;提高教师队伍的质量;促进科学研究;开阔师生的国际视野
N	促进学科发展;吸引更多人才
O	提高人才培养质量;提升教师队伍水平;促进科学研究;引进更多人才
P	提高人才培养质量;开阔学生视野
Q	提升学校影响力
R	促进学术合作交流;提升自身学术水平
S	促进合作研究与交流
T	提升学校影响力;提高学校排名和竞争力

从外部力量来看,大学实施国际化目的主要为了顺应全球高等教育国际化发展的趋势,响应国家战略发展的要求,促进国家建设以及保障国家安全,这四方面内容的关键词共出现8次。

从内部力量来看,大学实施高等教育国际化的动因主要包括学术发展、学科建设、学校发展、人才培养以及队伍建设五方面。其中学术发展的动因主要包括提升科研水平,促进学术影响力和竞争力,推动科研合作与交流,这些关键词共被提及8次;学科发展的内容主要包括建设一流学科,促进学科排名,这些内容共被提及5次;学校发展包括促进学校整体发展,提高学校的影响力和竞争力,提升学校声誉和排名,这些内容共出现6次;人才培养的内容主要表现在提高人才培养质量,开阔学生视野,促进学生发展等方面,共出现9次;队伍建设主要包括促进教师的发展,提升教师队伍水平,吸引高层次人才等内容,共出现5次。

通过对X大学教师和学生感知的国际化动因的分析发现,X大学高等教育国际化的动因包括国家和学校两个层面,就国家层面而言,高等教育国际化是服务于国家政治、经济、文化发展的需要,是实现国家战略,维护国家安全,实现人才培养,促进经济发展以及文化交流的重要渠道。国家层面的动因体现了全球政治、经济以及文化的发展对各国高等教育发展的客观要求。

从学校层面来看,X 大学实施高等教育国际化的动因主要体现在与大学职能相关的各个方面,包括学术发展、学科建设、学校发展、人才培养以及队伍建设五个方面。这一结果与 Knight 提出的大学层面的高等教育国际化动因既有相同之处,也存在一定的差异。就相同之处而言,Knight 认为从高校层面来看,大学实施国际化的动因主要是提升学校的国际形象,产生收入,促进教师与学生的发展,实现战略联盟以及促进研究和知识生产。而 X 大学教师和学生感知的高等教育国际化动因中包括学校发展,人才培养,队伍建设和学术发展的内容。尽管表述有所不同,但这些内容对应了 Knight 提出的国际化动因中的提升学校的国际形象,促进教师与学生的发展,促进研究和知识生产三方面的内容。

同时,X 大学教师和学生感知的高等教育国际化动因与 Knight 提出的高等教育国际化动因也有所差异,表现在以下几方面:首先,Knight 认为产生收入是大学实施高等教育国际化的重要原因之一,而本研究的调查结果表明,产生收入并不是学校实施高等教育国际化的动因。尽管实施高等教育国际化有可能会增加大学收入,但是绝大部分教师认为,当前学校实施高等教育国际化并不是为了获得经济收益。其次,除了学校发展、人才培养、队伍建设和学术发展动因外,学科发展是 X 大学实施高等教育国际化的主要动因之一,这是区别于 Knight 高等教育国际化动因的又一个明显的方面。最后,Knight 提出大学实施高等教育国际化是为了建立战略联盟,而这一动因在 X 大学的国际化动因中并未体现;相反 X 大学建立战略联盟,形成合作伙伴,更多的是为了学校的人才培养、队伍建设和学科发展服务。

由于国家经济社会发展情况以及高等教育发展水平的不同,不同国家实施高等教育国际化的动因也不相同,X 大学感知的学校实施高等教育国际化的动因反映了当前高等教育发展的现实情况;当前高等教育国际化是服务国家战略,促进国家经济社会发展,实现科技创新、人才培养,提高高等教育质量的重要手段,学校以建设世界一流大学和一流学科为目标,实施高等教育国际化更多的是作为一种手段而并非最终目的,因此从这个角度上看,实施高等教育国际化更应该从学校、社会以及国家的发展出发,避免盲目地追求数量的提升、为了国际化而国际化的现象发生。

3. X大学高等教育国际化的影响因素分析

国外许多学者总结了大学层面高等教育国际化的影响因素,包括学校领导对国际化的支持,教师及行政人员的国际化参与和态度,资源的可获得性,语言等内容。由于国家地区和高校不同,影响大学国际化的因素也呈现较大的个体性差异,通过对X大学教师的访谈发现,教师与学生感知的当前影响大学实施国际化的因素很多,既有同国外大学相同的因素,也包括自身特有的一些因素。

第一,教师和学生普遍认为资源的可获得性是影响学校实施高等教育国际化的一个重要因素。资源的可获得性包括资金的获得、有效使用和分配,信息的获得等内容。许多教师提出资金不足是限制当前高等教育国际化发展的一个重要因素。当前学校实施国际化的经费主要来自于国家资助和学校自筹两个方面,尽管用于国际化资金的数量在不断增加,但是对于扩大教师和学生国外交流的数量,聘请并维持更多的外籍教师来说,资金仍然是一个主要的制约因素。

"我们的资金跟清华大学等一些国内一流大学相比,相差太远。我们基数很少,人家是我们的几倍,因为国际化交流,外事交流,并不仅仅是交流的问题,是需要资金的支持,聘请一些外籍教师来上课,来做讲座还是来做讲学,其代价还是比较高的,让教授们自己来掏钱聘请,可能性相对较小,除非教授自身有很多项目和资金,这个就需要学校努力去想办法找项目,找资金。所以资金方面还是很重要的。"(O)

同时,资金影响国际化交流项目的实施效果,由于缺乏足够的配套资金,项目中学生的国际化交流更多地需要自己承担费用,因此在一定程度上限制了项目的开展和实施。

"目前我们学校的项目,主要来自留学基金委,学校的'985项目'外,各个学院有自己的项目,学院会拿出一部分资金来支持学生的交流,但是目前我们学院没有,因为我们学院是一个很缺资金的学院,但是其他工科和理科等院系都有自己的项目,支持学生的交流。比如我们现在和利物浦大学合作,'硕士1+1'项目,在合同上会写学生一年的费用是10万元,但是这个些钱没有留学基金委和学校的资金支持,有些时候是由学院负责出的,学院没有足够的资金,就要求学生自己支付,这样可能就会限制项目的实施。"(D)

资金也从一定程度上影响大学的高等教育国际化规划以及策略的制定。

第四章 我国研究型大学高等教育国际化个案分析

一些教师认为,尽管学校的领导已经具有国际化的意识,并愿意支持教师和学生的国际交流,但是资金的限制影响了在高等教育国际化方面的投入。

"作为高水平大学来说,校长、领导层、教师、学生等,从观念上和行为上都是很愿意去国际化的,但是我觉得主要是资金,这是能看得见的阻碍。比如现在想一年出去3次,比如青骨计划,但是国家规定出去一次,5年内同项目不得再出去,这样对教师来讲是一个阻碍。国家的经费资助很大,但是这是不够的。从学校的角度,学校对国际化的投入永远是受资金制约的,比如一年希望更多的学生出去,但是资金不足,所以能出去的学生数量还是有限的。"(F)

"资金方面,肯定是不充足的,要办世界一流大学,引进一流的师资,不是光说一流就一流了,跟沿海学校相比,我们的资金很少,虽然国际化也进步,但人家进步快,你慢,那就退步了,其中一个原因就是资金,资金如果到位,有些人就不会走了,有些更强的人就来了,恰恰这一方面我们资金不足。"(M)

针对资金的问题,一些教师也指出,尽管资金很重要,但是当前国际化发展中较为突出的问题并不完全是资金不足的问题,而是资金如何有效地分配和利用问题。

"学院层面、学校层面国际化的资金还是比较多的,但这个钱很难花,用在什么地方,怎么用,都是问题。"(L)

国际化的资源还表现为国际化的信息提供和获得途径。一些学生认为,学校和教师以及同学之间提供的国际化信息对于提高学生交流的意识具有一定作用,这些信息有助于营造出国际化的氛围,促进学生的国际交流。

"以前周围没有同学出去交流,也没有收到任何这方面的信息,学校的信息可能也不去关注,因此就没有想过要出国。最近几年,周围同学包括师兄师姐,出去的多了,就想自己是不是也应该出去一下,并且他们出去后,我们就有渠道、途径,至少可以了解到很多相关的信息。最近几年学院的教务秘书、老师也会发一些有关的邮件,可以了解一些,发的多了,就有了出去的想法,周围同学想出去的也逐渐多了起来。"(S)

第二,校领导的意识和支持也是促使高等教育国际化发展的一个重要因素。许多被访对象都认为,学校领导和管理层对于国际化政策的制定和实施具有重要的作用。无论是专门的国际化政策还是与国际化相关的学科发展布局、教师职称评定考核等方面的政策,学校领导和管理层的意识和支持都是重要的因素。校领导通过对学校或学院的国际化进行宏观的把握,设定相应的要求或标准,制定国际化政策与规划。

"领导人在促进国际化方面的努力十分重要,以前尽管领导也重视,但是并没有做出相应的具体措施,我们每年都有科研工作会议、教学工作会议等,但是学校很少召开有关国际化的、外事工作的会议。一个战略或者政策要实施,首先要大家在一起开会,要形成一种共识。既然国际化是一种必然要做的事情,还不如提早进行,只有早做我们才能收益,对我们自身发展才能更好。所以,在过去,尽管大家都在努力,但是学校顶层设计,或学校的指挥棒还没有形成。"(O)

领导层通过宣传教育,召开研讨会、座谈等方式向教师和学生传递国际化的意识和理念,鼓励教师和学生有意识地参加国际会议,进行国际交流和访问,与国外知名大学建立友好关系,共同从事科研活动,从而促进国际化的发展。从这个角度上来看,国际化的发展并不是单从数量上进行交流与合作,更多的是要有一种合作意识,要从长远的角度出发,寻找更多的国际化机会来进行实质性合作,要根据学校的整体规划,利用学校的学科优势,依据国际学科前沿发展趋势及国家重大需求和行业需求,结合学科发展目标来实施高等教育国际化。

"我们鼓励学院的教师出去访问交流,但是我们会对他们进行谈话或座谈,并会提出对教师的几点要求,出去以后要去听国外的老师如何上课,这样做对自身及未来的教学发展具有一定的好处。此外,在访问交流期间一定要努力融入到对方的研究团队中,尽可能地参与到对方的研究中,在一起工作的过程中了解对方研究的内容。既然派出去,就必须对教师有要求,尽可能让他们通过合作有所成果。"(J)

有一些教师认为,学校领导的支持对于促进高等教育国际化的发展起到了一定的促进作用,这些支持尽管并非制度性支持,如开设绿色通道或特事特办,但从一定程度上促进了国际化的发展。

"比如说之前有国外的老师,从国外过来授课,他的授课费、在国内待的时间,虽然超过了规定,但我们都一一满足。由国际处、高层次人才办公室和重点建设办公室三家开辟绿色通道,你有任何问题,他们三家拿来,就可以找主管校长签字通过。"(D)

第三,教师参与和态度对于学校的高等教育国际化发展具有一定的影响。教师参与体现在对自身国际化活动的投入方面。尽管实施高等教育国际化对教师会带来更大的压力和挑战,一些教师对国际化持消极态度,但总体来看,教师对国际化持积极的态度,并且积极参与国际化活动。教师的投入和态度在不同年龄教师之间的差异尤为明显,青年教师特别是新晋教师对国际化的态度较为积极,这是因为一方面学校政策对新晋教师的要求中,国际化的交流访问经验和文章发表是主要的考核内容,这些教师想要在自身职业发展和职称评定方面有所成就必须积极实施国际化,并通过国际化来提升自己的专业水平。而年纪较大的教师更多考虑的是收入、压力方面的内容,如在科研方面,在国际期刊发表文章,相比授课来说会增加压力,因此他们更愿意选择通过教学而非科研来完成工作量。也有一些教师已经有出国的经历,长期的访问尽管由学校或国家资助,却不能增加收入,反倒会对工作量有所影响,因此尽管有机会,但是一些教师也不会积极地申请或交流。

"不同的项目可能分到各个学院几个名额,相对比较容易申请上。现在出去的机会十分多,只要想出去,就可以出去。年轻教师比较愿意出去。以前感觉出去受益比较多,但现在觉得课程计划、项目等完不成等,出去耽误时间,就不太愿意。"(E)

教师的态度体现在对学生国际化活动的影响方面,一些教师认为学生的国际交流与访问对于促进能力的发展,学科水平的提高,人才培养质量的提高都有十分积极的作用,因此会鼓励学生参加国际会议,进行短期或长期的国际交流。但也有一部分教师认为,学生的出国交流会涉及资金资助、人才培养等一系列问题,如果不能对学习和学术发展产生实际的效果,并不鼓励学生长时间出国交流。

"我们十分鼓励学生参加国际的高水平会议,或者学科主流的学术会议,学生通过参加这样的会议,能够走完一个学术会议的全过程,通过投稿、录用摘要、写作、评审、修改论文等,最后直到录用、参会、作报告,论文评审评阅和修改的过程就是对学生水平的一个很好的锻炼。这个过程会经历较长的时间,学生的研究能力、语言、见识、专业知识都有提高……如果会议的论文质量很高还有机会被期刊录用,这是一系列的效果。这样的过程对于人才培养方面,都有很大的收获。所以我们十分鼓励学生去参加国际会议,参加会议并不单是会议,也是对科研能力的一个很严格的训练。"(O)

第四,语言对于国际化的发展具有一定的影响。而在本研究的访谈中,我们发现,语言的影响主要表现在对不同人群的不同方面的影响。首先,教师的语言能力影响双语课程的开设。一些教师提到,学院的双语课程设置,学校在政策上给予很大的鼓励和支持,但是由于教师能力的限制,开设的双语课程或外语课程仍然十分有限。

"学校鼓励双语课程,但是鼓励归鼓励,教师得有这方面的能力和准备才行,具体的鼓励政策,本科教学按照校内课程系数翻倍,即便是这样,也很难,实施起来还是很困难。"(B)

对于教师和学生的出国交流来说,语言能力影响教师和学生获得国际交流的机会与资助机会,语言的影响主要表现在出国之前和出国之后两个阶段。一些年龄大的教师因为语言问题而放弃出国交流,而这一阶段对于年轻教师和学生来说影响不大;此外语言问题影响交流与合作的效果。尽管许多教师或学生获得了国际交流的机会,但因为语言问题很难真正融入国外的研究团队中实现真正地参与。

"很多年龄大的教师尽管想出去,但是要出去都要求语言达到一定的水平,与国外导师的邮件交流等,也需要语言。没办法交流,自然就没办法出去了"(F)

"很多教师,出去了不去做研究,也不融入对方的团队和群体,因为语言交流不顺畅,没办法深入合作进去。这是一个问题,这样出去交流就是开阔一下眼界,我们派出去的目的和意义就不大了。"(J)

第五,学校自身水平和学科差异也是影响高等教育国际化发展的一个重要因素。一方面,只有当学校或学科水平能够达到或接近世界领先水平,才能够建立与这些国家和院校的稳定和实质性的合作关系,进行深入的合作研究,从而带动人员的交流与合作,教师队伍的发展,高层次人才的引进以及提高人才培养的质量。这种现象体现了高等教育国际化过程中的不均衡和不平等的现实,反映了教育发展领域的"马太效应",即强者越强,弱者越弱的两极分化现象。此外,与国外大学的学科设置的差异也为国内外大学在合作研究、人员交流方面带来一定的问题和阻碍。但从另一方面来看,学科的差异为学校和学科的发展也提供了一种新的思路,即利用优势学科和专业分层次、分阶段地实施国际化的策略,通过学科交叉和学科创新来实现国际化的发展。

"我们和对方能够交流合作的前提是我们的学术水平被对方认可,或处在一个水平或接近的水平上,这样才有可能合作下去。"(F)

第四章 我国研究型大学高等教育国际化个案分析

"我们在合作的时候,遇到的一个明显问题就是专业领域或具体研究内容不能完全符合和对应,这就对合作的效果造成了很大影响。"(O)

第六,地缘和文化因素等是影响高等教育国际化的外部因素。一些教师认为,学校的国际化水平相比东部及沿海地区的大学来说还有较大差距。由于地理位置的限制,因此在招收留学生或建立合作项目时会受到一定的影响。也有一些教师认为,学校的国际化水平仍然很低,但是相比较之前有所提高。与国外大学的合作交流增加的一个很大原因是学校和所在城市文化、经济等方面地位和影响力的提升。

"以前都是我们去寻找国外的大学进行合作,现在越来越多的国外教育机构主动要求与我们合作,这些都是因为我们国家或我们学校的整体声誉和排名,与宣传有关系,但根本上要有实力。"(J)

"主要是我们地处西部,既是优势又是劣势,劣势就是我们离改革开放的阵地比较远,其他国家的留学生、老师对我们的了解比较少,到我们这里进行交流合作就比较少,但地理因素对我们发展国际化又是优势,我们的传统文化底蕴好,国外学者和学生还是喜欢来,可以了解我们传统文化,也可以了解改革开放的理论与实践,关键是要利用好这些因素进行宣传。"(L)

"大学的地理位置和所在的城市既是学校实施国际化的优势又是不利因素,一方面所在的城市具有悠久的历史和文化,在国外的声誉比较好,很多国外的领导人、校长等愿意来了解你的文化,另一方面由于经济不够发达,城市的开放程度不够,发展的速度不快,也限制了更多的人来交流与合作,这是不利因素。"(O)

第七,国家和地方的支持影响高等教育国际化的发展。一方面,国家和地方通过资金拨款、提供奖学金等方式为高等教育国际化提供支持,另一方面,国家和地方颁布的政策和实施的项目也同样影响学校的国际化政策和策略。

"国家政策是很重要的一方面,学校制定的政策总是要依据国家政策的大方向来定,国家拨款是学校经费的重要来源,而且学生和教师的国际交流很大一部分来源是国家的项目和资金,所以很重要。"(L)

"国家和地方政府会设立奖学金,这些政策能够促使更多的留学生来校学习。"(K)

通过对教师和学生的访谈发现,影响X大学高等教育国际化发展的因素,包括资源的获得、校领导的意识与支持、教师的参与和态度、语言能力、学校自身水平及学科差异、地缘和文化以及国家和地方的支持等,这些因素又可以分为内部因素和外部因素,其中,外部因素包括国家支持、地方支持、地缘和文化因素。国家通过制定合作计划、实施项目、资金支持等方式,为学校实施高等教育提供指导和方向,在当前高等教育体系下,高等教育国际化的政策和实施采取自上而下的形式,特别是研究型大学是我国建设世界一流大学的主要力量,国家的政策对大学国际化发展的影响更为明显。地方支持主要通过建立地区合作关系、友好城市等为学校的国际化提供更多的项目和机会,同时通过财政拨款、政策支持等方式促进学校的国际化发展。地缘和文化因素对于大学高等教育国际化的影响体现在大学所在地区的经济水平、文化影响力以及位置便利程度对高等教育合作机会的建立、高等教育合作项目的实施等方面。

内部因素又可以概括为组织因素、个体因素以及学术因素三方面,其中组织因素包括校领导的意识与支持、资源的获得;个体因素包括教师的参与和态度、语言能力;学术因素指学校自身水平及学科差异。校领导的意识与支持可以影响学校政策的制定与实施,影响教师的国际化意识和态度从而影响国际化的效果。资源获得主要包括资金来源、分配和有效利用以及国际化信息的获得三方面。教师的态度和参与表现在教师的国际化教学水平与能力,教师自身国际化活动的投入,教师对学生参与国际化活动的支持程度等。语言能力对国际化的影响主要体现在对教师和学生国际化活动的影响,语言能力影响教师和学生参与国际化的积极性,参与国际化活动的可能性以及参与国际化活动的效果三方面。此外,学校自身水平、学科差异对高等教育国际化的影响表现在合作的可能性、对等性和持久性三方面。

三、X 大学高等教育国际化图景

通过对 X 大学高等教育国际化政策、现实以及教师和学生对高等教育国际化的感知的考察,建构了 X 大学高等教育国际化的现实图景(见图 4-15)。图景呈现了 X 大学实施高等教育国际化的目标、要素、策略、动因、影响因素以及相互之间的关系。

X 大学的使命、愿景陈述以及高等教育国际化相关政策中明确提出建设世界一流大学的目标。这一目标与我国高等教育国际化发展的目标一致。自1998 年我国提出建设世界一流大学的目标以来,国家的教育政策中也多次对该目标进行强调。在国家政策的指导下,许多研究型大学都将建设世界一流大学作为学校发展的主要目标。而实施高等教育国际化是世界一流大学建设的重要途径。根据教师和学生的感知，X大学实施高等教育国际化的目的和动因在于促进学校人才培养、队伍建设、学术研究、学科的发展从而提升学校的排名和影响力。建设世界一流大学的目标和国际化动因决定了X大学实施高等教育国际化的策略也基本围绕这些内容展开。一流的大学要求有一流的学科，而一流学科的建设又是实现一流大学建设的途径。因此X大学高等教育国际化的策略以学科建设作为基本单元和核心，通过一系列的计划和项目，从人才培养、队伍建设、科学研究、国际合作与交流等方面来促进学校的高等教育国际化发展。在实施的高等教育国际化策略中，国际化合作与联盟是促进国际化发展的前提，通过建立伙伴关系、战略联盟、签署合作协议和往来互访为学校提供信息、资金、项目等国际化资源。人才培养、队伍建设和科学研究的国际化反映了大学将国际化的维度整合到大学教学、科研等职能的过程，其中队伍建设是国际化过程中的关键因素，在人才强校战略下，高水平的人才队伍建设不仅能够提高人才培养的能力和条件，促进人才培养的水平和质量，同时也能够促进国际化的科研和合作。

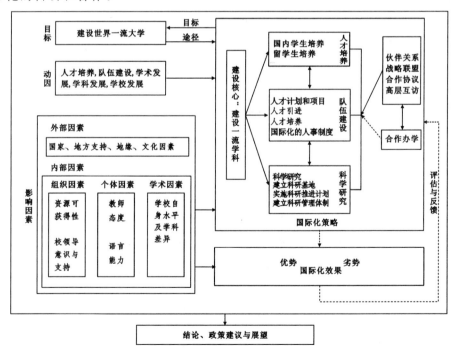

图 4-15　X大学高等教育国际化现实图景

在高等教育国际化策略实施过程中,国际化的组织机构以及支持系统是保障国际化实施的组织因素。X大学具有明确完备的国际化领导和组织健全的国际化部门,各部门之间协调已经形成制度化运作,同时学校的一系列硬件和软件支持系统为高等教育国际化的实施提供了支撑和保障。然而学校并没有专门针对国际化的评价和考核体系,对国际化的评价和考核主要体现在学校的教学、学科、研究、队伍建设等各个方面的国际化标准和国际化水平上,因此应建立相应的评价和考核体系,及时了解学校高等教育国际化现状,完善国际化政策,调整国际化策略,促进国际化的循环发展。

学校"十二五"规划实施以来,在一系列政策和策略的推动下,X大学教学、科研以及合作交流的国际化不断发展,高等教育国际化取得了一定的成果,中外合作办学呈现明显的优势,在国内高校中处于领先地位,国际化合作与联盟在近几年内通过不断创新,开拓多渠道多领域的合作,取得了较为突出的成果,为高等教育国际化的发展提供了更多的机会。高等教育国际化教学与科研方面尽管较过去有了一定程度的发展,但仍然存在着许多不足和劣势,同国内一流大学特别是世界一流大学相比仍然具有一定差距。造成这些不足的原因既包括地缘、文化、国家、地方的支持等外部因素,也包括学校组织、个体以及学术等方面的内部因素。组织因素包括校领导的意识和支持以及资源的可获得性;个体因素包括教师的参与和态度以及语言能力;学术因素包括学校自身的水平以及学科的差异。

第三节 小 结

本章以我国X大学为个案,依据提出的大学层面的高等教育国际化分析框架,分析了我国研究型大学的高等教育国际化情况。首先,考察了X大学在国际化政策、组织机构与支持系统、国际化的教学、科研、合作与联盟、中外合作办学六方面的现实,分析了X大学在国际化与本土化、国际化过程中的不平等现象以及国际交往互动方面的具体表现。其次,通过师生感知,考察了X大学高等教育国际化的动因和影响因素,回应了已有的高等教育国际化动因和影响因素研究。最后,在分析X大学高等教育国际化政策、现实与教师和学生感知的基础上,建构了高等教育国际化的现实图景。研究结果表明,当前X大学高等教育国际化较过去有了较大的发展,但国际化程度并不高,国际化的许多方面同世界一流大学相比还存在较大差距,国际化不平等的现实同样存在,这一现状决定了实施高等教育国际化仍然是学校发展的主要任务,学校必须进一步扩大国际交往,通过加强与世界一流大学的合作与交流,加强国际化的师资队伍建设,提高国际化人才培养能力,提升科研自主创新能力,推动国际化的不断发展。当前学校的高等教育国际化是以促进教师、学生、学科、研究以及学校整体发展为主要动因,以建设世界一流大学为目标,以学科发展为核心和单元,通过全方位、多渠道的国际交流与合作,促进学校队伍建设、人才培养和科学研究的国际化发展。尽管 X 大学的高等教育国际化水平相比过去有较大的提高,学校实施国际化的力度不断加强,国际化在一些方面表现出一定的优势,但同样也存在一定的劣势。影响 X 大学高等教育国际化效果的因素主要包括内部因素和外部因素。内部因素是影响学校国际化发展的主要因素,大学实施国际化应更多地从学校内部因素出发,调动积极因素,避免不利因素,从而促进学校国际化发展,提升学校国际化水平。

第五章 结论、政策建议与展望

本研究通过对 X 大学的分析,考察了当前我国研究型大学高等教育国际化的政策与现实情况。首先,在高等教育国际化理论和政策文献综述与分析的基础上,结合我国高等教育国际化的现实,总结了我国研究型大学高等教育国际化的具体要素,并在此基础上提出了研究型大学高等教育国际化的分析框架。其次,依据提出的分析框架,以我国 X 大学为研究对象,考察了学校在国际化政策、组织机构和支持系统、教学、科研、合作与联盟及中外合作办学六个方面的表现;并通过半结构化访谈,考察了 X 大学师生对高等教育国际化状况的感知,分析了该校实施高等教育国际化的动因和影响因素,建构了 X 大学高等教育国际化的现实图景。基于上述分析,本研究得出的主要结论和对策建议如下。

第一节 研究结论与政策建议

一、研究结论

1. 不同国家高等教育国际化政策发展阶段、内容以及动因具有明显差异

本研究从宏观层面对比分析了发达国家以及中国的高等教育国际化政策的发展阶段、特点以及国家层面实施高等教育国际化的动因。研究表明,从国家层面来看,不同国家的高等教育国际化的发展阶段差异较大,美国和欧盟的高等教育国际化起步较早,高等教育国际化发展的时间较长,而中国的高等教育国际化主要是从改革开放以来才迅速开展起来的;从内容来看,当前不同国家的高等教育国际化内容和形式都十分丰富,但侧重点有所不同,美国的高等

教育国际化程度相对较高,国际化过程中呈现外向输出的特点,欧盟的高等教育国际化更强调学术与课程的内容,而中国的高等教育国际化涉及人才培养、队伍建设、学科发展、科学研究以及国际合作等内容;从国家层面的动因来看,美国的高等教育国际化更强调维护国家安全、保持国家的领导力和竞争力、促进人力资源发展三方面;欧盟国家和地区实施高等教育国际化主要是为了促进学术发展,保证高等教育质量;相对而言,我国高等教育国际化的动因既包括促进经济社会和人力资源的发展,也包括促进高等教育自身的发展。

2.我国研究型大学高等教育国际化的分析要素

我国研究型大学高等教育国际化可从政策、组织机构与支持系统、教学、科研、合作与联盟以及中外合作办学六方面加以分析。本研究基于高等教育国际化理论,结合我国高等教育国际化的发展现实,提出了我国研究型大学高等教育国际化的六个要素分析框架。首先,不同国家高等教育国际化内涵及其指标的研究,是高等教育国际化要素形成的理论依据。其次,其中有关国际化与本土化关系的论述,依附理论以及世界体系理论以及国际交往互动的内容都为提出和分析高等教育国际化具体要素提供了理论依据。

3.X大学高等教育国际化的特点

X大学高等教育国际化既有自身发展的优势,同时也呈现一定的不足,具体包括以下几方面的特点。

(1)高等教育国际化政策有待进一步完善。X大学高等教育国际化的政策主要来自国家和学校两个层面,国家的相关政策是学校高等国际化发展的主要力量,在政治、经济、文化和学术理念的趋势下,国家通过设立目标、资金支持、政策影响和项目实施等方式推动大学国际化向高水平、高层次发展。学校政策是推动X大学高等教育国际化发展的最主要的力量,对高等教育国际化进行了详细的规定,政策中明确提出了高等教育国际化的发展目标以及多样化的高等教育国际化内容与形式。但学校的高等教育国际化政策仍然有待于进一步完善,主要表现在:缺乏独立的针对国际化的战略发展规划;在学校的发展规划中,高等教育国际化的内容主要表现在实践层面,包括促进国际化的队伍建设、人才培养、学科建设以及科学研究;而理念层面的国际化较为薄弱,对高等教育的国际影响力、竞争力、国际化能力、国际化战略、国际化校园、文化氛围等内容强调不足。现有政策中缺乏对国际化的概念、内涵、理念等内容的界定与阐释。

(2)国际化的组织机构和支持系统较为完备,但缺乏国际化的评价和考核体系。X大学具有较为完备的国际化部门和组织机构,包括负责国际化的领导层,国际化的专门机构以及完备的包括软件和硬件的支持系统,国际化已形成较为系统的制度化运行,各部门之间的衔接和协调相对完善,为学校实施国际化提供了保障。然而,学校并没有形成针对国际化的系统评价和考核体系,对国际化的评价和考核主要体现在学校的教学、学科、研究、队伍建设等各个方面的国际化标准和国际化水平上,因此有待于进一步完善国际化的评价、考核与反馈机制,及时了解国际化现状,调整国际化政策,改进国际化策略,推进国际化发展。

(3)教学国际化水平仍有较大提升空间。近些年来,学校的国际化教学水平有了较大的发展和提高,学生国际交流的项目类型和人数逐渐增加,教师的国际化水平和程度逐渐提升,但在一些方面仍然存在不足,与世界一流大学仍具有较大差距,具体表现在以下几方面:

第一,国际化课程与教材的数量较少。当前X大学的国际化课程的内容和形式逐渐丰富,但全英文授课的课程数量较少,开设双语教学的专业和课程数量有限,外语类课程及外语授课总数占学校课程总数的比例较低,外语原版教材数量和比例相比国内其他一流大学较少。

第二,学生的国际化程度有待加强。在校留学生的总数不断增加,但留学生招生数量的增长并不稳定,学历留学生数量和占学校学生的比例相对国内"985工程"大学的平均值较高,但留学生整体比例较低,同世界一流大学的比例相差较远。留学生层次、类型和地域分布不均衡,主要集中在本科层次,研究生层次,特别是博士生层次的留学生数量相对较少;留学生来源国家范围不断扩大,但留学生主要集中在亚洲和非洲等欠发达的国家和地区;来自发达国家的留学生特别是长期和学历留学生数量有限。

第三,教师的国际化构成仍有待于进一步提升。获得海外博士学位的专任教师比例相比国内其他"985工程"大学相对较低,专任外籍教师的数量较少,国际教师整体比例较低,距离世界一流大学有较大差距。

(4)科研国际化整体的水平不断提升,但距世界一流大学仍有较大差距。近年来X大学的科研国际化水平有了明显的提升,具体表现在以优势学科为依托,面向国际学科前沿和国家重大需求建设了一批国际高水平联合实验室与研究中心。这些联合实验室与研究中心的建设,提升了学科的国际影响力,推动了一流学科的建设和发展,促进了国际化的科学研究,带动了学校国际化的队伍建设,提高了国际化的人才培养质量。科研国际化在"985工程"大学中处于中上水平,其中一些学科的国际化水平较高,相比国内高校具有一定的优势;进入世界优势学科的数量逐渐增加,个别学科进入世界一流水平,优势学科科研数量和质量不断提升;但整体而言,X大学的科研国际化同样也存在一定的问题,如举办国际会议的数量较少,且各年举办国际会议的数量并无明显增加;科研经费中,国外资金的数额及其占学校科研经费的比值较低,一流学科数量较少,整体科研水平同世界一流大学相比仍有较大差距等。

(5)国际化的合作渠道和途径较为广泛,但与世界知名大学的实质性合作仍然不足。随着大学国际化的不断发展,X大学与越来越多的国外大学和机构建立合作关系,与国外知名大学的合作也逐渐增多,国际合作更加深入,合作的质量和层次逐渐提升。2015年来,在国家"一带一路"倡议的引领下,通过"新丝绸之路大学联盟",大大加速了学校国际化合作的步伐和进程,拓宽了国际合作的领域和渠道,学校的国际影响力不断提升。与此同时,由于受学校的整体发展水平限制,与国外知名大学特别是世界一流大学合作的数量仍然较少,长期合作与实质性合作仍然有待于进一步加强。

(6)X大学高等教育国际化的动因与国外存在明显差异。通过与X大学教师与学生进行访谈,考察他们感知的高等教育国际化动因,本研究发现,X大学实施高等教育国际化的动因包括促进学校的学术发展、学科建设、人才培养、队伍建设以及学校整体发展五个方面。其中促进学术发展、人才培养、队伍建设以及学校整体发展四方面同国外学者有关高等教育国际化动因的研究结论一致,而学科建设这一动因与国外的相关研究存在着一定的差异。

在国外,由于高等教育机构的竞争日益激烈,政府对高等教育预算的不断削减以及跨境教育服务贸易的迅速发展等原因,大学多以获得经济收益和建立战略联盟为主要动因。而在中国,以X大学为代表的研究型大学,为了增强学校的竞争力,提升学校的排名,实现一流学科建设的目标,将促进学科发展作为大学实施高等教育国际化的一个主要动因。X大学通过实施高等教育国际化,不断提升教师队伍的整体水平,提高人才培养质量,加强科学研究,从而促进学科不断发展,最终实现世界一流大学和一流学科的建设目标。

(7)内部和外部共七个因素对X大学高等教育国际化产生显著影响。通过对X大学国际化政策与现实的考察,本研究从内部和外部两方面总结了影响大学层面国际化因素。

外部因素。影响X大学国际化的外部因素包括国家支持、地方支持、地缘和文化因素。其中国家通过制定合作计划,实施项目,资金支持等方式,为学校实施高等教育提供指导和方向,在当前高等教育体系下,高等教育国际化的政策和实施采取自上而下的形式,特别是研究型大学是我国建设世界一流大学的主要力量,国家的政策对大学国际化发展的影响更为明显。地方支持主要通过建立地区合作关系、友好城市等为学校的国际化提供更多的项目和机会,同时通过财政拨款、政策支持等方式促进学校的国际化发展。地缘和文化因素对于大学高等教育国际化的影响体现在大学所在地区的经济水平、文化影响力以及位置便利程度对高等教育合作机会的建立,高等教育合作项目的实施等方面。

内部因素。内部因素又包括组织因素、个体因素以及学术因素三方面,其中组织因素包括校领导的意识与支持,资源获得;个体因素包括教师态度和参与,语言能力;学术因素指学校自身水平和学科差异。校领导的意识与支持可以影响学校政策的制定与实施,影响教师的国际化意识和态度从而影响国际化的效果。资源获得主要包括资金来源、分配和有效利用以及国际化信息的获得三方面。教师的态度和参与表现在教师的国际化教学水平与能力,教师自身国际化活动的投入,教师对学生参与国际化活动的支持程度等。语言能力对国际化的影响主要体现在对教师和学生国际化活动的影响,语言能力影响教师和学生参与国际化的积极性,参与国际化活动的可能性以及参与国际化活动的效果三方面。此外,学校自身水平、学科差异对高等教育国际化的影响表现在合作的可能性、对等性和持久性三方面。

(8)国际化多元双向交往互动不断扩大,但依附与不平等现实仍然存在。高等教育国际化过程本身就是国际交往实践的过程,X大学高等教育国际化活动既包括教师和学生作为个体的交往,也包括以学校、部门或组织为单位的交往。其中个体层面的交往包括教师和学生的短期或长期访问交流,参加国际会议、组织、论坛,在国际期刊发表论文,邀请国外专家和学者开展讲座、学术交流活动等;而学校、部门的国际交往包括与国外高等教育机构、组织建立友好关系,签署合作协议、备忘录,建立合作联盟,开展海外教育项目、对外服务计划等。在一流大学和一流学科建设的目标下,X大学通过多种途径不断扩大高等教育国际交往,取得了一定成效。在校留学生人数不断增加,留学生来源国更加广泛,高层次人才引进力度不断加大,长期外籍教师数量逐渐增加,国际合作交流渠道更加广泛,国际合作形式不断创新等。在交往的过程中,X大学的高等教育国际化并不是以西方为中心的单一互动模式,而是不断寻求与发达国家和其他不发达国家的多元互动。学校不断尝试和探索新的交往途径,成立了"新丝绸之路大学联盟",拓宽了国际交往与合作的渠道;通过主动走出去寻求合作伙伴、参与学术交流、传播传统文化等方式,扩大学校的国际影响力。

尽管X大学十分注重国际交往的扩大以及互动的多元性和主动性,但是由于国家和学校自身发展水平的限制,仍然处于世界高等教育体系的边缘或半边缘的位置,国际化过程中的依附与不平等现实同样存在,具体表现在招收留学生数量的增长并不稳定,学历留学生主要来源于不发达国家和地区,国际学生的比例相对较低,教师的国际化构成和国际交流程度不高,国际教师的数量和比例十分有限,科研整体水平不高,优势学科数量较少,距世界一流大学仍有较大差距。高等教育国际化的不平等现实以及中心边缘关系一方面解释了当前X大学高等教育国际化发展水平不高的原因,同时也使X大学国际化发展过程中面临更多的挑战和不利因素,因此,学校必须进一步加大对高等教育国际化的支持力度,通过多种渠道,不断扩大国际交往范围,加强与世界一流大学的交流合作,不断提升自身的国际化水平。

二、提升研究型大学高等教育国际化水平的对策建议

1.制定专门的高等教育国际化发展战略规划,完善高等教育国际化政策

政策对于高等教育国际化的发展十分重要,X大学国际化以国家政策为指导,通过学校的政策、策略和活动来具体实施和开展国际化。然而当前学校层面国际化的政策主要体现在大学使命陈述、学校发展规划以及相应的配套和支持性的政策文件中,并没有针对国际化的独立战略规划。由于国际化战略规划对于明确大学实施国际化的长期和短期目标,提升教师和学生的国际化意识,强化国际化的理念,均衡国际化的资源分配,促进学校国际化的整体发展具有

十分重要的作用,因此,学校层面应制定和出台完整的国际化发展战略规划,完善政策的顶层设计,从而更好地促进国际化的发展。学校作为高等教育国际化的实施主体,在制定战略规划的同时,应首先对国际化的战略模式和战略内容进行科学的设计,在评估学校所属类型和自身发展情况的基础上配套相应的战略模式;国际化战略的内容中应明确学校实施高等教育国际化的理念、详细政策以及规范流程等内容,并且应具有一定的前瞻性;在高等教育国际化实施的过程中,应不断完善和更新其战略规划内容,使战略成为系统地指导高等教育国际化活动的依据。

2.健全和完善高等教育国际化评价与考核体系

通过考察 X 大学高等教育国际化的现实情况发现,尽管当前学校的政策文件和学科规划中将队伍建设、人才培养、科学研究以及国际化等内容作为可考核的指标,制定了考核的具体目标,但这些指标大都是学校整体规划的一部分,或是教育部学科评估指标中的一部分,学校层面并没有独立的针对国际化的评价和考核体系,缺乏相应的反馈机制,很难通过对高等教育国际化的考核与评估来推动高等教育国际化的发展。因此应加强国际化考核与评价体系的构建,通过制定目标、定期考核、及时反馈、政策调整等方式促进国际化的发展。

高等教育国际化的评价体系既是政策的组成部分,也是高等教育国际化循环过程中的一个重要环节,许多学者从过程视角出发对高等教育国际化进行的研究中,都认为评价与反馈是高等教育国际化过程循环模型中十分重要的一部分内容。高等教育国际化的评估与反馈环节与高等教育国际化过程中政策与规划的制定、实施等多个环节有着密切的关系,直接影响高等教育国际化循环过程的顺利进行,从而决定高等教育国际化的效果。因此,学校的领导层应首先意识到高等教育国际化评价与考核体系的重要性,并设立专门的部门和机构负责评价和考核机制的制定、实施、反馈与调整。实际上,欧盟高等教育国际化发展的过程中,已经形成了许多值得我们借鉴的宝贵经验。在欧盟,高等教育国际化的发展是以欧盟制定的一系列的项目和计划为依托,通过定期对各成员国高等教育国际化情况的评估、反馈、调整不断推进的。其中评估与反馈成为国际化计划和项目内容以及经费拨款调整的重要依据。大学在制定高等教育国际化评价与考核体系内容时,应借鉴发达国家的做法与经验,将评价与考核的内容与国际化项目制定、资金配套、教师职称评定、职位晋升、学科发展等内容相结合,在详细分析和评估大学所处的环境,挑战,现有高等教育水平,高等教育国际化发展现状以及自身特点和优势的基础上,明确高等教育国际化的整体和阶段性目标,制定可操作与可评价的具体内容与标准,并对这些内容进行阶段性评估与考察,对评估与考察的结果采取具体的奖罚措施,并将评估结果形成政策、文件进行反馈,为后续国际化评估提供参考与借鉴。

3. 从课程、教师和学生等多方面出发,提高教学国际化水平

(1)通过多种渠道提高课程国际化水平。课程是高等教育国际化的重要组成部分,课程的国际化是培养国际化人才的重要渠道与手段,研究表明,X大学课程国际化的内容和形式逐渐丰富,但仍然存在着许多问题,如开设的全英文、双语课程数量较少,开设双语课程的专业数量有限,占学校课程总数的比例较低,课程所使用的外语原版教材比例相对较少等方面。实际上,课程的国际化也并不仅仅体现在外语课程与教材的数量方面,也正是由于课程的国际化涉及理念、方式、融合、效果等多个方面,所以,课程的国际化操作起来相对较难,这也是造成X大学课程国际化水平不高的原因之一。根据经济合作与发展组织研究报告的总结,国际化课程的类型除了包括具有国际学科特点的课程、国际比较的课程、有关国际职业的课程、外语教学相关课程、跨学科研究的课程、海外教师授课部分、海外学生涉及的课程外,还包括国际专业资格的课程和合作授予学位或双学位的课程。由此可见,提高课程国际化的途径,可以从国内与国外两方面入手。就国内渠道而言,应加强国际学科以及国际比较课程的设置,如国际关系、国际贸易、国际法、国际比较教育等;还应加强外语类课程以及国际及区域类课程的开设;课程设置时,应针对不同类型的学生具体制定课程设置标准和方案,除聘用外籍教师开设相关外语类课程外,在国内教师开设的必修类课程中,增加外籍教师授课的部分。就国外渠道而言,可以通过与国际组织和机构之间的合作,开展主流专业的国际认证,健全教学质量保障体系,提高教学质量。同时,通过校际之间的协议和合作,实施学分、学科、专业以及学历学位的互认,搭建国际化沟通交流平台,建立国际化的高等教育认证制度,进一步实现课程、教学的国际化,使高等教育质量与国际接轨。

(2)以人的全面发展为出发点促进教师和学生的国际化发展。人的自由全

面发展是马克思主义理论的主要内容,也是世界历史发展的最终目标。作为高等教育国际化的主体,教师和学生的全面发展既应该是高等教育国际化的内容也应该是高等教育国际化的目标之一。本研究表明,当前 X 大学教师和学生的国际化程度不断提高,主要表现在教师国际交流的项目和形式不断增加,高层次教师队伍逐渐壮大;学生的国际合作交流的项目、形式以及人数不断上升,留学生的数量不断增加等方面。尽管如此,教师和学生的国际化水平相比世界一流大学仍然存在较大的差异,如教师和学生的国际化构成有待于进一步提升,留学生的数量、层次以及分布不均衡,教师和学生国际交流访问的比例较低,交流访问的效果缺乏系统的评估分析等。

  对 X 大学的分析可以看出,当前研究型大学教师和学生的国际化的不足既体现在数量方面也体现在效果方面。近些年来,研究型大学在国家政策的推动下,不断采取措施促进自身教师和学生的国际交流,并且取得了明显的成效。但由于学生和教师的国际交流是相对容易量化的指标之一,提高教师和学生国际交流的数量成为大学提高大学高等教育国际化水平的普遍做法,而对教师和学生交流质量和效果的评估由于其操作的困难性,相对容易被忽视。因此,研究型大学在促进高等教育国际化发展的同时,应以人的自由全面发展为指导,充分考虑到教师和学生国际化发展的数量和质量。人的全面发展理论中包括人的活动、需求、能力、个性以及社会关系发展等方面内容。因此,在提高教师和学生国际化水平的同时应充分考虑到教师和学生发展的各个方面。研究型大学应鼓励教师和学生的国际交流,通过创造机会、营造氛围、增加资助等形式促进教师和学生国际化数量的增加。但更重要的是大学应以培养学生能力为出发点,在战略和政策中明确教师和学生国际化发展的目标,充分认识和分析教师与学生国际化的需求和个性,有针对性地制定国际交流政策和策略,不断拓宽教师和学生国际交往的范围。研究型大学在促进教师和学生国际化数量增长的同时,还应该评估国际交流的效果,通过专门的机构和部门,制定教师和学生的国际化评价机制,对历年教师和学生的国际化发展情况进行评估和分析,并根据评估结果不断调整教师和国际化培养目标、经费资助、专业课程设置以及合作项目等内容,从而从实质上推进教师和学生的国际交流水平,促进教师和学生的全面发展和大学国际化水平的不断提高。

4. 以学科建设带动高等教育国际化全方位发展

当前,随着"985"工程和"211"工程实施的逐步完成,国务院进一步提出了建设世界一流大学和一流学科的统筹规划。建设世界一流大学已经成为众多研究型大学的主要目标,而一流学科的建设也成为建设一流大学的途径。学科的发展与学校的合作交流、队伍建设、人才培养以及科学研究等方面的国际化具有密切的联系,同学校的国际化发展相辅相成,相互促进。学校以学科发展为核心和单元,通过全方位、多渠道的国际交流与合作,推进学校的队伍建设、人才培养和科学研究的国际化水平;同时学科水平也是影响国际化合作与交流的因素;教师队伍的国际化是促进学科发展,实现国际化的关键因素,教师队伍的国际化水平决定了国际化的科研水平和科研产出,同时也决定了人才培养的质量和水平。当前学校的教师国际化构成比例较低,专任外籍教师和长期外籍教师的数量十分有限,高层次人才数量较少,很难为学校的学科发展和国际化建设提供稳定的智力支持。因此,学校应以学科建设为依托,通过制定相应的人才引进和配套政策,建立人才引进和维持的长效机制,充分发挥高层次人才和教师的国际交流与合作的作用,建立人才与合作的资源网络,不断提高学校的学科和科研水平,提高人才培养的质量和水平,缩小与世界一流大学的差距,建立更为对等的合作关系和合作态势,以带动国际化的全方位发展。在建设一流学科的过程中,科研始终是十分重要的内容,世界一流大学始终将科研水平作为学校高等教育国际化以及大学整体水平的重要评价标准,以进入 ESI 的学科数量来看,哈佛大学在 2011 年就有十个学科位于全球第一,相比之下,我国研究型大学的学科水平尽管有了进一步提高,但与世界一流大学相比仍有较大差距。研究型大学应加强与世界一流大学在科研方面的合作交流,通过发挥大学学科优势,积极参加国际会议,加强与世界一流大学的交流访问,增加科研经费投入等渠道来提高科研水平,促进一流学科建设与一流大学建设。

5. 拓宽国际合作新渠道,充分认识和发挥中外合作办学的作用

国际交流与合作是高等教育国际化的重要内容,也是促进高等教育国际化发展的途径之一。研究型大学通过与国外知名大学与教育机构开展国际交流与合作,签订合作协议、备忘录,建立友好合作关系,为教师和学生的国际交流、教学以及科研合作项目奠定基础。由于当前我国研究型大学与世界一流大学

还存在一定的差距,因此,在开展国际交流合作的同时,应该采取"走出去"的策略,积极主动地寻求合作伙伴;同时应充分抓住国家战略发展的机会,寻求教育交流合作的不断创新。在国家"一带一路"倡议下,寻求与丝绸之路沿线国家的教育合作交流,通过建立大学国际联盟,拓宽国际合作的领域和渠道;应加强西部大学与地方经济社会发展的联系,使研究型大学国际化发展更好地服务于地方经济建设,从而实现地方发展与研究型大学共赢的良好局面。

中外合作办学一直以来都被认为是我国高等教育国际化的重要趋势与特征,同时也是我国高等教育国际化发展的重要内容与实践,对于提高我国高等教育国际化水平,促进世界一流大学发展起着的重要的作用。当前X大学的合作办学的数量和层次在同类高校中处于领先地位,但从研究型大学国际化政策文本和教师感知情况来看,对合作办学的认识和作用仍然相对模糊。教师尽管认为合作办学是大学发展国际化的一部分,但对于合作办学的内涵、形式以及对学校国际化发展的重要作用认识不足。

为了更好地发挥合作办学在国际化中的作用,充分利用合作办学的现有优势,学校应首先明确合作办学在学校国际化战略发展中的地位和作用,完善学校合作办学的政策,并将合作办学列入大学国际化发展规划,探索合作办学的模式创新,协调合作办学与大学国际化的关系,使合作办学既能保持自身独立性的特点又能同时促进研究型大学与国外大学的深入合作,发挥合作办学在资源引进、国际化学科建设、人才培养、队伍建设等方面的作用。

6. 充分把握高等教育国际化动因,有层次、有针对性地促进高等教育国际化发展

本研究的结果表明,不同国家、不同院校,实施高等教育国际化的动因也具有明显的差异。在国外,高等教育机构享有更多的自主权,由于高等教育竞争的日益激烈、政府对高等教育经费的削减以及跨境教育服务贸易的发展等原因,大学实施高等教育国际化的主要驱动因素是获取更多的经济收益以及建立战略联盟。而在中国,高等教育国际化对国家经济社会以及战略发展的重要作用不断凸显,政府对高等教育特别是对研究型大学的资助力度不断加大,从"211"工程和"985"工程的实施到"双一流"战略的提出,国家对高等教育国际化的发展越来越重视,其目的是通过高等教育国际化的发展来促进学校的学术发展,加强一流的队伍建设,提高人才培养的国际化水平和质量,从而实现世界一

流大学建设的目标。研究型大学的动因基本是围绕国家的高等教育国际化动因展开的,因此,获得经济收益并不是主要的目的。然而研究型大学围绕国家战略目标开展实施高等教育国际化并不等于所有的高校都千篇一律地采取同样的国际化策略的活动。由于研究型大学的发展存在较大差异,在实施高等教育国际化的同时,应充分考虑到学校自身历史、地理位置、发展现状、排名、优势、劣势、学校目标以及经济水平等特点,有针对性、有层次地发展高等教育国际化。避免因盲目追求数量发展忽略了自身发展特点与效果,将国际化发展与学校整体发展以及地方经济社会发展特点相结合,在保持"本土化"特色的同时,不断推动高等教育国际化发展。

7. 充分考虑内外因素,促进高等教育国际化水平不断提高

通过对 X 大学的分析表明,影响我国研究型大学国际化的因素可以从内部和外部两方面来考虑。外部因素主要是国家支持、地方支持以及地缘和文化因素三方面。因此研究型大学的高等教育国际化应在国家战略指导下,积极寻求地方政府的政策与资金支持,开展与地方政府的合作,充分利用本土地缘和文化的特点及优势,利用友好城市、经济、文化等合作渠道和契机,不断提升大学的国际声誉,吸引更多的合作与交流机会。内部因素包括组织因素、个体因素以及学术因素三方面。相比外部因素,内部因素是影响大学高等教育国际化的主要方面,研究型大学更应该从内部因素出发,利用国际化发展的有利方面,避免不利因素,促进高等教育国际化的不断发展。首先,学校管理层应提高自身的国际化意识并明确对国际化的支持态度,完善学校的国际化政策,制定国际化战略和规划;其次,学校应积极拓展国际化资金的来源渠道,通过校友捐赠、拓展项目、促进合作等方式寻求多渠道的资金来源,为学校国际化的发展提供资金支持;再次,通过不断完善国际化硬件、软件支持系统,合理分配并有效利用国际化资源,为高等教育国际化的发展提供保障。最后,学生和教师是国际化活动的实施主体,学校应通过政策激励、项目支持以及宣传教育等多种方式增强教师和学生的国际化意识,鼓励教师和学生对国际化的投入和参与的积极性,提高教师和学生的语言和科研能力,推动教师和学生的国际化水平。由于学校自身水平以及与国外大学的学科差异也影响高等教育国际化合作的可能性、对等性和持久性等方面,因此在促进国际化发展的同时,学校应不断提升自身的教学、科研、人才培养能力,不断提升学校自身排名和国际影响力,从而推动国际化的不断发展。

8.提高国际合作的主体意识,批判性借鉴国外高等教育经验,协调国际化与本土化关系,实现高等教育国际化的超越式发展

高等教育发展水平的限制决定了我国高等教育在世界高等教育体系中处于边缘和半边缘位置,在一定时期内很难改变对发达国家依附的现实,尽管X大学在国内高等教育体系中处于中心地位,成为联结世界一流大学与我国高等教育的纽带,但就排名来看,与世界一流大学还有较大差距,这种差距导致国际交流合作以及国际化过程中的不平等现实,包括与世界一流大学的深层次交流合作难以开展、留学生发展不均衡、教师队伍构成不高等方面,这些不利因素在一定程度上影响了高等教育的进一步发展。高等教育国际化是建设世界一流大学和高等教育强国的重要手段,而高等教育的水平又影响着国际化的发展,因此,促进高等教育国际化的发展,提高我国高等教育整体水平,就需要在较长一段时间内学习国外高等教育的先进经验,而这种学习的过程并不是一种被动的依附与不加甄别的吸收,而是在保持自主性与主体意识基础上的借鉴,是对外来文化、模式与理念的批判性审视,同时应突出自身的先进性与个性化,不断提升自身高等教育水平,从而由部分到整体逐渐获得国际交流合作中的平等话语权,摆脱对发达国家高等教育的依附,实现借鉴——超越式发展。

高等教育国际化所处的阶段以及高等教育国际化的不平等现实,一方面要求我们继续通过高等教育国际化,加强对发达国家和世界一流大学理念、经验和技术的学习,另一方面也要求我们协调好国际化与本土化的关系。首先,需要提高教师和学生对于国际化和本土化的认识,树立正确的国际化与本土化观念,这就需要学校通过政策、活动、讲座、宣传活动等途径,明确国际化的定位和理念,并将这些理念渗透到国际化活动的各个方面。其次,以本土需求和目的出发,注重效果考察,实现国际化与本土化的融合。对于X大学,当前高等教育国际化是实现世界一流大学和一流学科目标建设的主要途径和手段,因此,高等教育国际化活动的开展必须以学校整体发展目标为出发点,结合当前国际化现实,制定自身的国际化评价标准和体系,考察高等教育国际化的效果。同时,制定国际化评价体系、开展国际化教学、科研以及合作的同时,既要考虑到国际标准和认证,又要兼顾学校的实际情况,积极探索合作模式、合作内容的融

合与创新,促进国际化的不断发展。最后,通过多种形式加强民族意识和传统文化的教育与渗透。通过举办文化交流活动、爱国主义教育活动以及优秀传统文化系列讲座等形式,增强民族文化的自信,提高民族意识,展示民族文化魅力,促进优秀文化的传播,扩大学校的文化影响力,从而实现国际化和本土化的协调发展。

第二节 研究的创新点

本研究从质性研究的取向和范式出发,运用质性研究工具和描述性统计工具,通过个案分析、文本分析以及访谈法等质性研究方法,以我国 X 大学为研究对象,从机构现实与个体感知两个层面分析了研究型大学的高等教育国际化,研究的创新点如下:

第一,结合高等教育国际化相关理论和我国高等教育国际化现实,提出了我国研究型大学高等教育国际化的具体要素,构建了大学层面高等教育国际化的分析框架,丰富了高等教育国际化内涵、要素的研究。提出的分析框架以高等教育国际化理论为基础,结合我国高等教育国际化现实,首先确立了我国研究型大学高等教育国际化的具体要素,包括政策、组织机构与支持系统、教学、科研、合作与联盟以及中外合作办学六方面。其次依据提出的研究型大学高等教育国际化要素,分析大学的高等教育国际化现状,并从个体感知层面出发,分析大学实施高等教育国际化的动因及影响因素。本研究将国内外高等教育国际化理论和中国高等教育国际化现实结合起来,丰富了高等教育国际化的内涵与要素研究。同时,提出的分析框架从大学现实和个体的感知出发,为从大学层面研究我国的高等教育国际化提供了参考。

第二,从大学层面出发,考察了我国 X 大学的国际化现实,分析了研究型大学实施高等教育国际化的动因和影响因素,实现了对国外高等教育国际化动因及影响因素等相关理论的本土验证,丰富了国内有关高等教育国际化动因和影响因素的理论研究。

X 大学实施高等教育国际化的动因主要包括外部力量的推动、人才培养、队伍建设、学术发展、学科发展和学校发展。外部力量的推动体现在学校实施高等教育国际化是为了顺应全球高等教育国际化发展的大趋势以及国家战略的要求,从一定程度上显示出当前研究型大学实施高等教育国际化的被动性。同 Knight 等人提出的国际化动因相似,X 大学实施高等教育国际化同样考虑教师和学生的发展,学术研究与知识生产以及学校的整体发展。不同的是,在当前建设世界一流大学的高等教育国际化发展背景下,促进学科发展是我国研究型大学实施高等教育国际化考虑的重要动因,而产生收入、建立战略联盟并不是大学实施高等教育国际化考虑的因素。

通过对教师和学生感知的高等教育国际化影响因素分析发现,领导的意识和支持,资源的获得和教师的参与和态度以及语言都是影响 X 大学高等教育国际化的因素,这一结论验证了国内外学者对高等教育国际化影响因素的研究。除此之外,学校自身水平及学科差异、地缘和文化因素以及国家和地方政府的支持也是影响高等教育国际化的因素。

第三,分析了研究对象在高等教育国际化六个要素方面的具体表现,总结了其高等教育国际化的现状、特点和存在的问题,并针对分析结果提出了提升研究型大学高等教育国际化水平的对策建议。

当前 X 大学的高等教育国际化有了较大发展:国际化的组织机构和支持系统较为完备;教师和学生的国际交流合作数量和形式不断增加,留学生的数量得以扩充,课程的国际化形式与内容逐渐丰富,教学的国际化水平不断提升;一些学科的国际化水平较高,在国内外具有一定优势;高等教育国际化合作交流形式不断创新,中外合作办学处于领先地位。但高等教育国际化仍然存在诸多问题,主要表现在高等教育国际化的政策有待完善,政策内容更强调实践层面,理念层面相对不足,学校层面缺乏独立的高等教育国际化战略规划,院系层面的高等教育国际化政策缺失;国际化的评价考核机制尚不健全;国际化的课程与教材数量较少,教师和学生的国际化构成有待进一步提高,留学生的国际化层次和专业分布有待均衡;科研国际化水平和层次仍有较大提升空间;国际化整体水平相比其他"985 高校"并不具有明显优势,国际化程度与世界一流大学相比仍具有较大差距,国际化过程中的不平等现象仍然存在。因此,针对 X 大学高等教育国际化的现状和存在的不足,本研究提出了相应的对策建议,即学校应制定专门的高等教育国际化发展战略规划,完善高等教育国际化政策;健全和完善高等教育国际化评价与考核体系;从课程、教师和学生等多个方面出发,提高教学国际化水平;以学科建设带动高等教育国际化全方位发展;拓宽国际合作新渠道,充分认识和发挥中外合作办学的作用;充分把握高等教育国际化动因,有层次、有针对性地促进高等教育国际化发展;充分考虑内外因素,促进高等教育国际化水平不断提高;提高国际合作的主体意识,批判性借鉴国外高等教育经验,协调国际化与本土化关系,实现高等教育国际化的超越式发展。

第三节 研究的局限与展望

虽然本研究以我国 X 大学为研究对象,从大学现实层面和教师与学生感知两个层面对我国研究型大学高等教育国际化的政策、现实、动因及影响因素与进行了探讨与研究,尽管在理论和方法上有一定的创新,但仍然存在一些不足,其研究局限性主要表现在以下两方面。

(1)样本的局限性。尽管力求考虑到访谈对象在所属学科、行政职务以及年龄上的分布,但仍然无法做到覆盖高校教师的各个群体,加之访谈对象的数量有限,本研究是在有限案例分析的情况下,反映出的当前研究型大学国际化的现实情况与问题。在未来的研究中,可扩大研究样本的数量,选取更广泛的访谈对象进行统计与研究。

(2)研究结论的地域限制。在讨论研究型大学国际化的现实情况与教师和学生感知时,本研究选取我国 X 大学作为个案进行考察。由于我国研究型大学所处的地域分布较广,各地区经济社会与文化发展对研究型大学的影响各异,因此有必要扩大调研大学的范围,克服地域差异性所引入的干扰。在未来的研究中,可考虑选取多个个案进行比较分析,从而反映出不同地区研究型大学的高等教育国际化情况。

参 考 文 献

[1] 翁丽霞,陈昌贵.中美研究型大学国际化比较分析[J].高等教育研究,2011(12):94-100.

[2] 陆根书,康卉.我国"985工程"大学高等教育国际化政策分析[J].高等工程教育研究,2015(1):25-31.

[3] 李梅.高等教育国际市场——中国学生的全球流动[M].上海:上海教育出版社,2008.

[4] 陈学飞.高等教育国际化:跨世纪的大趋势[M].福州:福建教育出版社,2002.

[5] 陈昌贵,谢练高.走进国际化:中外教育交流与合作研究[M].广州:广东教育出版社,2010.

[6] ALTBACH P. Perspectives on international higher education[J]. Change: The Magazine of Higher Learning, 2002, 34(3): 29-31.

[7] ALTBACH P, PETERSON P. Internationalize higher education[J]. Change: The Magazine of Higher Learning, 1998, 30 (4): 36-39.

[8] KNIGHT J. Internationalization remodeled: Definition, approaches, and rationales[J]. Journal of Studies in International Education, 2004, 8(1): 5-31.

[9] 金帷.国外高等教育国际化策略研究进展综述[J].比较教育研究,2013(7):73-78.

[10] RUDZKI REJ. Strategic management of internationalization: towards a model of theory and practice[D]. Newcastle: University of Newcastle, 1998.

[11] VAN DIJK H, MEIJER K. The Internationalisation Cube. A Tentative Model for the Study of Organisational Designs and the Results of Internationalisation in Higher Education[J]. Higher Education Management, 1997, 9(1): 157-167.

[12] ALTBACH PG. Globalisation and the university: Myths and realities in an

unequal world[J]. Tertiary Education & Management,2004(1):3-25.

[13] 黄福涛."全球化"时代的高等教育国际化——历史与比较的视角[J].北京大学教育评论,2003(2):93-98.

[14] QIANG Z. Internationalization of higher education:towards a conceptual framework[J]. Policy Futures in Education,2003(2):248-270.

[15] 陈昌贵.跨国教育:一个不容忽视的新课题[J].高等教育研究,2006(4):13-17.

[16] 王璐,陈昌贵.高等学校国际化水平评估指标体系构建[J].湖北社会科学,2007(1):177-180.

[17] 李盛兵.大学国际化评价指标体系初探[J].华南师范大学学报:社会科学版,2006(6):113-116.

[18] 陈昌贵,曾满超,文东茅,等.中国研究型大学国际化调查及评估指标构建[J].北京大学教育评论,2009(4):116-135.

[19] 西南交通大学.教育部直属高校国际化水平排行榜[EB/OL].[2013-5-18]. http://phb.swjtu.edu.cn/Ranking/1.html/year=2013/page=1.

[20] KNIGHT J. Internationalization of Canadian universities[D]. Lansing:Michigan State University,1995.

[21] 李梅.美国高等教育的国际化政策:强国兴邦的工具[J].比较教育研究,2010(10):23-30.

[22] The Senate of the United States. American competitiveness through international openness now act of 2008[EB/OL].[2008-2-24]. http://www.nafsa.org/uploadedFiles/american_competitiveness.pdf?n=8954

[23] 曾满超,王美欣,蔺乐.美国、英国、澳大利亚的高等教育国际化[J].北京大学教育评论,2009(2):75-103.

[24] 康卉,琳达.中美教育合作类型及问题探析[J].高教探索,2015(2):105-109.

[25] 陆根书,康卉,闫妮.中外合作办学现状,问题与发展对策[J].高等工程教育研究,2013(4):75-80.

[26] 顾明远.教育的国际化与本土化[J].世界教育信息,2011(4):22-25.

[27] 莫玉婉.中外合作办学的定位,现实与展望——对"中外合作办学与高水平大学建设"的思考[J].高校教育管理,2013(5):25-29.

[28] RUDZKI RE. The application of a strategic management model to the inter-

nationalization of higher education institutions[J]. Higher Education,1995(4):421-441.

[29] 胡亦武.中国大学国际化评价及其机制研究[M].广州:华南理工大学出版社,2009.

[30] 刘克宽.国际化:中国高等教育回顾与展望[J].教育发展研究,2003(4):128-130.

[31] 许长青,阚阅.高等教育国际化:欧洲案例研究[J].外国教育研究,2008(1):45-50.

[32] 耿益群.全球化背景下的欧盟高等教育国际化政策研究[J].复旦教育论坛,2007(2):70-74.

[33] 史贵.国际化与民族化相结合:高等教育现代化的必由之路[J].高等教育研究,1996(6):24-28.

[34] 刘静.相容中相长:我国高等教育的国际化与本土化[J].黑龙江高教研究,2008(6):6-8.

[35] 袁本涛.论中国高等教育的依附发展[J].清华大学教育研究,2000(1):38-45.

[36] 杨洁,王建慧.阿特巴赫高等教育国际化研究的理论框架[J].长春理工大学学报:社会科学版,2013(6):152-153.

[37] 陈向明.范式探索:实践—反思的教育质性研究[J].北京大学教育评论,2010(4):40-54.

[38] 潘懋元.高等教育研究方法[M].北京:高等教育出版社,2008.

[39] 潘慧玲.教育研究的取径:概念与应用[M].上海:华东师范大学出版社,2005

[40] 曾荣光.教育政策研究:议论批判的视域[J].北京大学教育评论,2007(4):2-30.

[41] 郑文晖.文献计量法与内容分析法的比较研究[J].情报杂志,2006(5):31-33.

[43] 陈向明.质的研究方法与社会科学研究[M].北京:教育科学出版社,2000.

[43] 李琳琳.聘任制改革背景下高校教师对学术工作的感知:两所中国内地大学的比较研究[D].Hong Kong:Chinese University of Hong Kong,2013.

[44] KANG H,LI L,WANG H B,et al. Analysis on the internationalization policy of Chinese research university[J]. Advances in Soical Science,Education and Humanities Research,2018(4):449-452.